AI 마인드 시크릿

AI 마인드 시크릿

초판 1쇄 발행 | 2024년 8월 30일

지은이 | 박정미
펴낸이 | 김지연
펴낸곳 | 마음세상

외주편집 | 김주섭

주소 | 경기도 파주시 한빛로 70 515-501

출판등록 | 제406-2011-000024호 (2011년 3월 7일)

ISBN | 979-11-5636-572-3(03190)

원고투고 | maumsesang2@nate.com

* 값 16,800원

AI 마인드 시크릿

박정미 지음

마음세상

프롤로그

마음속에 비밀 상자. 보물 상자를 하나씩 가지고 있습니다. 언제부턴가 비밀번호를 까먹어버렸습니다. 다시 찾으려 하니 어느새 AI는 빠른 추격으로 우리 곁에 오고 있습니다. 우리는 비밀번호를 잊어버린 채 갈팡질팡 바쁘게만 살아갑니다.

행복이 가까이서 불러도 들을 수 없습니다. 행운이 와도 잡을 수가 없습니다. 늘 우리 옆에서 만나기를 준비하고 있는데 말이죠. 무엇이 그리 바쁜가요? 뭐가 그리 불안한가요? 잠시 멈추고, 이제 마음속 비밀번호를 찾아야겠습니다. 긴 한숨 내쉬며 머리를 쉬게 해 줘야겠습니다.

아무도 모르는 자신만 알 수 있는 그 비밀번호를 찾는 여정에 이 책이 함께 하길 기대합니다. AI가 빠르게 변화할지라도 자신만의 마인드 시크릿을 지키고 살아간다면 우리는 AI 마인드 시크릿을 획득하는 행운까지 만날 수 있게 될 것입니다.

수많은 자기 계발 관련 책을 읽는다고 자기 계발에 성공하는 건 아닙니다. 수많은 부자를 따라 한다고 부자가 되는 것도 아닙니다. 하지만 내 마음대로 할 수 있는 '마음'은 나의 삶을 바꿀 수 있습니다. 마음의 움직임을 잘 따라가다 보면 각자 마음의 문을 만나게 됩니다. 그 문을 열 수 있는 열쇠를 가지고 살아갈 때, 부자도 성공도 아우를 수 있는 에너지가 나를 움직이게 한다는 사실입니다.

내 마음 열쇠를 찾는 건 누구를 따라 할 수 없습니다. 내 마음의 주인은 나이기 때문입니다. 내 마음 사용설명서를 작성해서 나를 잘 이해하고 사용하여야겠습니다. 시대가 바뀌면 내 마음 사용설명서도 업데이트해 나가면서 말이죠.

'마인드 시크릿'을 찾는 것입니다. 많은 것을 따라 하는 AI에게 내 마음마저 뺏길 순 없습니다. 내 마음의 시크릿은 내가 지켜나가야 하는 보물 지도입니다. 그래서 'AI 마인드 시크릿'을 장착하고 관리하며 살아가야겠습니다. '내 마음 사용설명서'는 책 마지막 장에 있습니다. 작성해 봄으로써 나만의 마인드 시크릿을 찾으시길 기대합니다.

Part. 3 AI로 개척하는 내면세계

Part. 4 창조성과 혁신을 위한 AI 마인드

Part. 5 에모션 인텔리전스(Emotional Intelligence)와 감정 지능

Part. 6 변화에 유연한 마인드 셋

Part. 1

AI와 마인드의 만남

인공지능과 마음의 상호작용

싫으나 좋으나 인공지능을 마주해야 할 지금입니다. AI는 일찍부터 준비를 했던 모양입니다. 우리네 세상에 함께 살아가려고 하나씩 계획을 세워 조금씩 들어내 보여주고 있습니다. 아이, 어른, 노인 할 것 없이 인공지능의 테두리 속에서 많은 것들을 접하고 있는 걸 보면 친근감마저 듭니다.

어느 것이 옳은 것인지 분간하기 어려운 경우도 생깁니다. 평균 이상의 지능을 지닌 AI의 출현으로 우리의 불편한 점을 해소해주는 역할을 하는 측면도 있지만, 우리의 일상이나 가치관에 공격을 가하기도 해서 인공지능이 발달할수록 우리의 마음을 잘 지켜 나가야 합니다. 마음이 단단하게 형성되어 있어야 다양한 공격 상황에도 막아낼 수 있을 테니까요.

AI와 마인드가 만났을 때, 예전보다 더 조화롭고 행복한 삶을 살아가기 위해서라도 각자 마인드 시크릿, 마음 비밀번호를 체크할 필요가 있습니다. 방심하고 있으면 자기도 모르는 사이에 AI에 지배당하고, 모르면 당할 수밖에 없으니까요.

우리의 마음은 복잡하고 다양한 감정을 지니고 있습니다. 인공지능이 따라올 수 없는 특별한 점을 지키고 업그레이드 시켜야 합니다. 또한, 사고 과정에서도 인간만이 가지는 고유한 마인드를 찾아 인공지능과 함께 상호작용하며 발전해 나가야 합니다. 인공지능은 데이터를 분석하고 패턴을 식별하여 학습하는 능력을 갖추었습니다. 그러나 이러한 시스템들이 인간의 마음과 상호작용하는 것은 여전히 도전적인 과제라고 볼 수 있습니다. 하지만 최근 연구들에서 AI가 인간의 감정을 이해하고 의도를 파악하는 데 성공적인 결과를 보여주기 시작했다는 점입니다.

예를 들어, 음성 인식 기술에서는 AI가 사용자의 감정 톤을 분석하여 그들의 감정 상태를 파악할 수 있습니다. 또한 언어 처리 알고리즘을 통해 AI 시스템이 글에서 긍정적이거나 부정적인 요소를 추출하거나 문맥을 이해할 수도 있습니다.

이뿐만 아니라, 이미지 및 비디오 처리 기술에서는 AI가 얼굴 표현과 신체 언어 등 비언어적인 신호를 해석하여 사람의 내면적인 상태에 대한 정보를 유추할 수도 있습니다. 하지만 인공지능과 마음의 상호작용에는 여전히 많은 한계와 도전이 존재합니다. 감정이 사람마다 다르게 경험되기 때문에 일반화하기 어렵다는 점과 개인 정보 보호와 프라이버시 문제 등 윤리적인 고려사항도 고려 되어야 합니다. 따라서 우리는 계속해서 연구와 탐구를 진행하여 인공지능과 마음의 상호작용을 발전시켜 나갈 필요가 있습니다. 이러한 노력은 더 혁신적이고 윤리적으로 발전된 AI 시스템을 구축하기 위한 중요한 과제입니다.

다행히도 사람은 각자의 빛나는 별을 가지고 있어서, 그 별을 찾아 빛나도록 매일 체크해 주는 것이 좋습니다. 하지만 밤이 없고 환한 낮만 있다면 얼마나 피곤하겠습니까? 빛나는 별도 쉴 시간이 필요하듯이 우리의 지친 마음도 한 번씩 쉬도록 풀어준다면 별은 언제나 빛날 수 있을 것입니다. 각자의 별은 빛나는 시기가 다르고, 장소가 다를 수 있음을 이해하며 부정적인 생각에 사로잡히지 않게 여유를 가져야 합니다.

또한 내 별만 최고로 빛나길 바라는 것보다 다른 별들도 함께 빛날 수 있도록 너그러운 마음을 지니는 것도 인공지능의 시대에 필요한 덕목이 될 것입니다. 내 마음의 비밀번호, 마인드 시크릿을 찾아 잘 장착하고 새로운 AI 시대를 만날 수 있길 기대하며 힘을 보태고 싶습니다.

AI는 알려준 대로, 저장된 정보대로 인출을 할 수 있습니다. 하지만 우리의 마음은 그러기 힘듭니다. 하루에도 몇 번씩 오르락내리락하는 내 마음을 모를 때가 자주 있습니다. 우리 마음을 지키고 점검하는 시간을 꼭 가져야만 하는 이유이기도 합니다.

우리는 감정과 직관, 창의성 등 육체적이며 정신적인 특성을 가진 존재입니다. 반면에 인공지능은 데이터 처리 및 패턴 분석 등을 논리적으로 작업하는 뛰어난 능력을 지닌 기계입니다. 서로의 역할과 특징을 이해하고 그것을 바탕으로 상호 보완해 협력하는 관계로 지내야 합니다. 일상생활에서 우리 주변에 존재하는 AI 시스템들은 동료처럼 작동하기도 합니다.

AI 스피커나 가상 비서 등은 우리와 소통하며 정보를 제공해 주고 일상 업무 지원 등 다양한 역할을 하고 있습니다. 하지만, 그것들도 결국 사람이 만든 것이기 때문에 그 한계를 이해하고 적절한 사용법과 기대치를 설정하는 것이 필요합니다.

자신의 마음을 체크하는 일은 AI가 발전하면 할수록 더욱 중요한 요소가 됩니다. 절대로 따라올 수 없는 내 마음의 비밀 노선을 기억하고 설계하며 발걸음을 옮길 수 있어야, AI에게 지배당하지 않고 자신의 길을 갈 수 있기 때문입니다.

요즘 MZ 세대나 알파 세대들에겐 놓쳐선 안 될 노선임을 인식하고 나눠야 할 것입니다. 표정이 사라지고 영상 속 캐릭터들과 익숙한 세대들이기 때문에 자신의 마음을 다독이고 조절해 나갈 수 있도록 습관 형성에 도움을 주어야 합니다. 자신의 마음을 이해하지 못한 상태로 타인과 관계 맺음을 할 때, 부딪힐 혼란함을 최소화할 수 있어야 합니다.

우리의 마음은 결국 뇌가 조절하기 때문에 뇌를 잘 쉬게 하고 뇌를 이해하는 시간이 중요합니다. 오직 경쟁만을 위해 앞만 보고 달리는 어리석음은 쫓아내고, 자신의 마음을 잘 조절해 나갈 수 있도록 뇌를 살피고 이해하는 훈련이 필요합니다. 모두가 우르르 몰려들어 아무 생각 없이 따라 하는 행위들은 결국 내 마음의 노선을 잃어버리고 남들이 정해놓은 노선대로 의미 없는 행보를 하는 것입니다.

우리는 각자의 별로 이 세상에 빛을 품어낼 수 있는 마인드를 지니고 태어났습니다. 그러니 자신의 별이 빛날 수 있도록 내 마음의 노선을 정하고 길을 나서야 합니다. 아직 정하지 않았더라도 괜찮습니다. 지금 마음먹은 대로 시작하면 그때가 가장 빛나는 별을 찾는 순간일 테니까요.

AI가 우리에게 미치는 영향과 잠재력

우리는 혼자서 살아가기 힘든 존재입니다. 사람 인(人) 한자가 서로 기대어 함께 가는 것이 사람이라는 뜻을 품고 있다고 합니다. 혼자일 때보다 함께일 때 더 빛나는 우리인 것 같습니다. 서로에게 영향을 주고받으며 성장하는 우리이기 때문에 되도록 좋은 것을 나누고 좋은 영향을 받으며 살고 싶습니다.

이젠 사람에게서만 영향을 받는 시대를 넘어 AI와 영향을 주고받으며 살아가야 할 때이기에, AI가 우리에게 미치는 영향과 잠재력을 파악하는 일은 중요하겠습니다. AI와 함께 빛나는 세상을 살아가기 위해서 서로에게 좋은 영향을 주었으면 좋겠습니다.

아이들은 부모의 영향을 받고 자랍니다. 또한 어른들의 영향을 받고 성장합니다. 그런데 요즘은 참 어른이 많이 없는 안타까운 현실입니다. 아이를 학대하는 부모는 수두룩하고, 살해하는 부모까지 있습니다. 어른다운 부모를 만나는 건 선택이 아니라 결정된 일이기 때문에 좋은 부모를 만나는 건 행운인 거죠.

물론 세상엔 좋은 부모, 참 어른들이 많습니다만 뉴스들의 내용을 볼 때면 섬뜩한 마음이 듭니다. 아이들이 어른 말보다 AI의 말을 더 잘 듣는 현상이 나타나기도 합니다. 학교에서는 선생님의 권위가 사라지고, 폭행하는 학생에 고소하는 학부모들이 있으니까요. 최근 선생님들의 이유 있는 자살 뉴스를 접하면서, 우리의 교육이 재정립되어야 함을 느낍니다. 어디서부터 잘못되었는지 차근차근 되짚어보고 서로 새로운 비전을 품어야 할 때입니다.

아이들이 문제를 일으키는 경우는 대부분 부모나 어른들의 잘못된 양육이나 모습에서 비롯된 일이라서, 어른의 행동을 해나갈 수 있도록 노력해야 할 것입니다. 물은 위에서 아래로 자연스럽게 흘러내려야 순환이 잘 되듯이, 윗물이 맑아야 아랫물이 맑다는 말은 의미가 깊습니다. 내 자녀에게 물려줄 긍정적 유산인 마인드 시크릿, 비밀키를 지니며 살아가야겠습니다. 사람의 마음은 다행히도 변화될 수 있는 유연성이 있다는 사실입니다.

항상 나쁘기만 한 사람도 얼마든지 변화될 수 있다는 것이 희망적인 일입니다. 사실 저도 결혼 전과 결혼 후가 많이 변한 경우인데요. 결혼 전에는 사람들이 그냥 좋아서 이리저리 휘둘리고 다녔습니다. 자신 내면을 들여다보기보다는 바깥세상에 눈을 돌려 당장 즐거운 일에 시간을 빼앗겼습니다. 남의 눈에 잘 보이길 원했고, 남들과 함께 따라가야 편안했습니다. 주관적인 사고가 부족할 수밖에 없었습니다.

부자가 되지 못하는 이유 중에 '~했더라면' 사고를 갖는 사람들이 대부분이라고 하더군요. 저 역시 젊었을 때 좀 더 나를 이해하고 내면을 채우는 시간을 많이 가졌더라면 지금보다 멋지고 부자로 살아갈 수 있었을 텐데 하며 후회를 하기도 합니다.

결혼 후 달라지는 자신을 발견하면서 무섭게 깨달은 일들이 지금의 나로 만들어 갔습니다. 아이를 낳고 모성애가 내 속에 가득 있음을 안 것도 신기했고, 삶의 태도가 이렇게 긍정적이고 부자 마인드를 지니고 살아간다는 사실이 놀랍습니다.

환경은 사람을 충분히 변할 수 있게 만들어 줍니다. 학창 시절에 무턱대고 꿈꿨던 내 이름으로 된 책 한 권 쓰고 싶다는 말이 현실이 되었으니까요. 좋은 부모나 참 어른은 훈련을 통해 꾸준히 노력해 간다면 못할 일도 아님을 느낍니다.

AI의 빠른 추격에 마음을 가다듬고 새로운 환경에 잘 적응할 수 있도록 유연한 사고를 지녀야겠습니다. AI는 우리 곁에 바짝 다가

오고 있습니다. 몇몇 학교에서는 인공지능. 소프트웨어 교실을 운영하고 있습니다. 한국과학창의재단이 공동 주관한 '디지털 새싹' 교실 프로그램을 진행한 학교들은 예외 없이 교실을 더 열어달라고 합니다. AI 교육을 통해 학생들의 새로운 재능을 발견할 수 있다는 점이 긍정적인 상황입니다.

또한 AI로 맞춤형 여행 일정을 제공할 수 있는데요. 보통 소비자가 자유여행으로 일정을 짜는 데 10시간 정도 걸린다고 합니다. 하지만 AI로 이런 수고를 줄일 수 있게 되는 겁니다. 개인 맞춤형으로 최적의 동선을 짜줍니다. 인공지능으로 자기 목소리도 쉽게 만들 수 있습니다. 내 목소리를 파는 시대도 올 거라고 합니다.

AI 관련 저작권 문제가 생길 수 있는 부분도 있습니다. 저작권은 반드시 보호해야 하지만 AI가 충분히 데이터를 학습할 수 있는 환경을 조성하는 것도 필요합니다. 화가가 존경하는 예술가의 그림을 보고 공부하면서 결과물을 내놓듯이 AI도 제 성능을 내기 위해서는 기존 성과물을 학습할 수밖에 없다는 것입니다. 저작권을 무시하지 않으면서도 기존 콘텐츠를 AI가 학습할 수 있는 제도가 필요합니다.

앞으로 AI는 정말 우리 삶 깊숙이 들어올 것 같습니다. 복지, 의료, 보건, 교육, 문화, 예술 등 우리가 체감할 수 있는 분야 전반에 인공지능을 적용하기 때문입니다. 보편적 디지털 규범과 질서가 강조되는 시대로 접어들고 있다는 것입니다. 가짜뉴스들이 퍼져나가 우리의 미래와 미래세대를 망칠 수 있음을 인지하고 잘 활용할 수 있는 규제가 필요합니다.

이렇듯 인공지능은 현대 사회에서 빠르게 발전하고 있는 기술로, 우리의 삶과 사회 전반에 큰 영향을 미치고 있습니다. 그리고 인공지능의 무한한 잠재력은 우리 삶에 좋은 작용을 할 수도 있지만, 위험한 작용을 할 가능성도 있어 효율적으로 활용하는 방법을 꾸준히 탐구할 필요가 있습니다. 무엇보다 우리 마음이 위험한 작용에 물들지 않도록 각자 마인드를 지킬 수 있는 시크릿을 찾는 노력을 계속해나가길 기대합니다.

알고리즘을 뛰어넘는 마인드

아침에 눈을 뜨면 제일 먼저 스마트폰을 확인하는 습관이 언제부터인지 모르게 익숙해졌습니다. 신문을 읽는 아침을 가끔 만나긴 하지만 저 역시 스마트폰 확인을 하지 않으면 왠지 불안함마저 드는 것 같아 놀랍습니다.

불과 몇 년 전에 만나던 아침 풍경과 사뭇 달라졌습니다. 첫째 아들이 20살인데, 어릴 때 아침에 눈 뜨면 서로 눈 마주치며 이야기 나누고, 신문을 뒤적이며 함께 기사들을 읽곤 했습니다.

하지만 둘째 아들은 현재 중1인데, 첫째와는 완전 다른 아침 풍경을 접하게 되었습니다. 자연스럽게 눈을 뜨면 스마트폰을 보고,

게임을 하는 것도 첫째 때와는 다르게 무척 자연스러운 일상이 된 걸 보더라도, 우리는 AI와 아주 친숙한 사이가 되어가고 있는 것 같습니다.

첫째 아들이 중1일 때는 게임에 대해 좋지 않은 정보만 있어서 유해하다고만 느꼈던 것 같습니다. PC방에 간다는 건 좋지 못한 행동으로 느꼈으니까요. 너무 게임에 대해 무지하다 보니 오히려 아들은 게임에 몰두하는 것이었습니다. 밤늦은 시각에도 하고, 새벽에 할 때도 있었습니다. 자꾸 하지 마라고만 하니, 반항적인 마음도 들었을 것 같다는 생각이 듭니다. 요즘 둘째에게 자유로운 부모의 모습을 보며, 동생에게 이런 말을 하더군요.

"라떼는 말이야, 너처럼 게임을 1시간 넘게 해본 적이 별로 없어. PC방은 생각도 못 해 봤다고." 하며 화난 말투로 투덜댑니다. 그러면 둘째는 "언제 적 얘기를 하는 거야? 게임은 친구들과 함께 노는 거라고." 하며 당연한 행동임을 증명하듯 떳떳하게 말합니다. 많이 달라지긴 달라진 것 같습니다. 첫째라 잘 몰랐던 부분도 있지만, 6살 터울이라 세대 차이가 극명하게 드러나는 것을 보면 말입니다. 둘째에게 자유를 허용하니까 오히려 조절력이 생기는 걸 알게 되었습니다. 물론 아이들 기질에 따라 다르겠지만, 무조건 못하게만 하는 것보다 자유를 주고 대화를 통해 아이의 지금을 이해할 필요가 있습니다.

AI 시대를 인정하고 함께 배워 가며 좋은 걸 취할 수 있는 지혜를 쌓아가야 함을 느낍니다. 자주 보는 영상 패턴이 있습니다. 멈추고 싶지만, 관련 영상들에 눈길이 갑니다. 저의 패턴을 알고 있는 AI는 즉각 새로운 영상들로 인도해 줍니다. 시간 가는 줄 모르고 빠져들 때도 많습니다. 이미 알고리즘 늪에 빠진 상태가 되는 거죠. 이 늪은 잘만 걸어 나가면 꽤 걸을 만한 길로 인도해 줍니다. 하지만 자칫 잘못 들어서면 여지없이 깊은 늪 속으로 빠져드는 건 순간인 것 같습니다. 여기서 빠져나올 수 있는 마인드 시크릿 주문을 외워야 합니다. 얼른 빠져나와 제대로 된 길을 걸어가야 하니까요. 알고리즘을 뛰어넘을 만한 마인드를 형성할 필요가 있습니다. 좋은 영상인지 나쁜 영상인지 분간할 수 있는 눈이 필요하고, 영상이 주는 메시지들이 전부 맞는 건 아님을 인식하며, 자신만의 메시지를 찾는 노력을 해야 합니다.

누구나 메시지들이 있습니다. 하루를 살아갈 힘을 주는 메시지, 한 달을 살게 하는 메시지, 일 년을 살게 하는 메시지, 인생을 살아갈 힘을 주는 메시지를 집중해서 듣고 저장하며 내 삶에 적용하는 습관을 길렀을 때, 우리는 인공지능이 지시한 길을 지혜롭게 걸어갈 수 있을 것입니다.

주로 구독하는 영상이 자기 계발 콘텐츠나 지식 콘텐츠, 마음을 다스리는 영상들인 것 같습니다. 주식이 한창 붐일 때는 경제 콘텐츠, 주식 콘텐츠 등을 즐겨봤습니다. 구독하는 영상들이 점차 업그레이드되는 것을 느끼기도 하는데요. 아는 만큼 보인다고, 아무리 좋은 콘텐츠 영상일지라도 보이지 않는 사람에겐 무용지물이 됩니다.

알아서 업그레이드시켜 주는 인공지능이 고마울 때도 있습니다. 혼자서 찾으려면 어려웠을 텐데, 알아서 척척 나의 지식을 업그레이드 시켜 주는 인공지능이 곁에 있다는 것이 든든하기도 합니다. 가끔 샛길로 빠질 때도 있지만, 알아차리고 다시 돌아서면 좋은 지식 친구를 둔 기분이 듭니다.

알고리즘(Algorithm)의 뜻은 포괄적 의미로는 문제에 대한 합리적인 결론을 도출해내는 절차나 사고방식을 의미합니다. 즉, 알고리즘은 레시피처럼 특정 요리를 완성할 때 필요한 순차적인 단계 목록을 정리한다는 점이 비슷합니다. 두 번째 의미로는 컴퓨터가 사용자의 데이터 즉, 시청 기록, 검색 기록 등을 분석하여 사용자에게 적합한 콘텐츠를 제공하는 체계를 의미합니다. 이런 알고리즘은 우리가 잠자고 있는 시간에도 특정 행동이나 절차를 자동화할 수 있습니다. 알고리즘 체계는 우리가 흔적을 남긴 곳에서 근거를 찾아내고 계속 업데이트하면서 데이터를 취합하고 있는 것이죠. 그래서 내가 뭘 좋아하는지 요즘 관심사가 뭔지, 심지어 곧 할 일들까지도 알아차리는 것 같습니다.

최근에 한참 어깨가 아파 힘들어하고 있는데 어깨에 효과적인 운동법, 어깨치료를 위한 방법 등 비슷한 유형의 영상들이 올라왔습니다. '아니, 어떻게 내가 아픈 곳까지 알아냈지?' 이런 경험을 종종 하게 됩니다. 나의 인공지능 친구가 밤새 알려 주었던 모양입니다.

내 마음속까지 읽어내는 기술이 점점 세밀해진다면 어떻게 될까요? 정말 공상 영화의 내용이 현실이 되는 날이 머지않아 보입니다. 가장 가까운 친구가 나를 알아차리는 인공지능이 될 수도 있으리라 생각을 하니, 든든한 마음도 들지만 어쩐지 씁쓸한 마음도 듭니다. 그럼 우리는 알고리즘을 뛰어넘는 마인드를 가지려면 뭘 준비해야 할까요?

알고리즘은 컴퓨터 과학에서 중요한 개념으로, 문제해결을 위한 절차와 규칙입니다. 그러나 우리는 단순한 알고리즘이 아닌 창의성과 직관력 그리고 윤리적 판단력 등 다양한 마인드를 가지고 있습니다. 우리는 독특한 생각을 해낼 수 있고, 창조적 역량이 알고리즘을 뛰어넘을 만큼 타고난 존재입니다. 알고리즘이 단편적인 문제해결에 도움이 되겠지만, 우리가 갖는 관계를 따라올 수 없습니다. 우리는 다양한 관계를 유지하며 살아갑니다. 가족관계, 친구관계, 사회관계 등을 통해 단편적인 사고방식을 고집하지 않고 창조적인 사고를 유추해내어 새로운 문제해결 방식을 제시합니다. 이러한 직관력과 상상력은 알고리즘이 갖기 힘든 우리만의 장점입니다. 특히 마인드는 다른 사람들과 관계를 형성하며 협업하는 능력도 포함합니다.

사회 상호작용 및 그룹 작업에서 인간은 원활하게 의사소통하며 다양한 아이디어와 관점들을 조율하여 목표 달성에 도움이 됩니다. AI 역시 협업 환경에서 사용자와 함께 작동하여 상호작용하면서 성장할 수 있는 잠재력이 있습니다. AI의 잠재력을 바탕으로 우리는 관계 속에서 더 창의적인 문제해결을 위해 나아간다면 도움 이 될 것입니다.

문제가 없으면 살아 있는 게 아니라는 말을 합니다. 그만큼 살아가는 자체가 문제투성이며, 우리 앞에 해결해야 할 문제들이 작은 것에서부터 커다란 문제까지 다가옵니다. 예측하기 어렵기 때문에, 정해진 알고리즘의 답으로만 해결되지 않을 수 있습니다. 알고리즘을 뛰어넘는 마인드를 형성해 가는 일은 그래서 더 중요합니다.

우리는 각자 자신의 문제들을 해결해 가며 살아가고 있습니다. 혼자서든, 누구의 도움이든 어쨌든 하나씩 해결해 가면서 우리 마인드는 성장해 가는 것 같습니다.

처음부터 마인드가 강한 사람은 별로 없습니다. 즉 마인드는 타고난 것도 있지만 자신이 만들어 가는 마음 그릇이라 생각합니다.

마음 그릇이 꼭 크다고만 좋을까요? 작아도 예쁘고 튼튼한 그릇들이 많듯이, 우리 마음 그릇도 작건 크건 간에 자신이 예쁘고 단단하게 빚어간다면 모두 예쁘고 멋진 마음 그릇을 지니게 됩니다. 물론 가끔은 잘못 빚어져서 버리고 싶을 때도 있습니다. 그럼 그때엔 과감히 잘못된 그릇은 깨부술 수 있는 용기도 필요합니다. 그래야 새롭게 예쁜 마음 그릇을 빚어갈 수 있으니까요.

새로 만들어 갈 수 있는 우리는 축복 받은 존재들입니다. 내가 마음먹은 대로 새롭게 빚어갈 수 있는 나의 마음 그릇이 각자에게 있다는 것이 얼마나 큰 기쁨인지 모르겠습니다.

알고리즘은 틀리면 틀린 겁니다. 다시 고쳐 쓰기 힘든 시스템이죠. 아무리 정확한 답을 제시한다 해도 내 마음의 문제들을 속속히 해결하지 못합니다. 결국 내 마음 문제를 푸는 사람은 나라는 사실을 잊지 않았으면 좋겠습니다. 여러 곳에서 도움을 받을 수 있지만, 결론은 내가 풀어내는 답이 정답이 되기 때문입니다. 그 정답을 찾는 데 비밀키가 필요하시죠? 바로 마인드 시크릿을 지니며 살아가야 합니다.

마인드 시크릿, 비밀

우리는 비밀 같은 풋풋한 사랑의 경험을 하나쯤 가지고 있습니다. 누가 알면 달아나버릴 것 같았던 순간, 부풀어 오르는 가슴을 느꼈던 그 기억들이 미소 짓게 할 때가 많습니다.

마인드 시크릿도 이런 마음이 듭니다. 내 마음을 읽어내는 나만의 비밀스러운 비법들이 녹아 있기 때문입니다. 사람마다 마인드 시크릿 레시피는 다르겠지요. 비빔밥처럼 골고루 조합해야 맛있다고 느끼는 사람도 있겠고, 담백한 맛을 즐기는 사람, 어떤 사람은 매콤한 맛을 즐기기도 하겠지요.

각자 취향에 맞는 맛을 찾아가면 됩니다. '왜 저 사람은 이런 맛을 싫어하는 거야?' 라며 투정 부릴 필요가 없습니다. 나와 다른 취향을 가진 사람들도 참 많다는 걸 이해하고 그들을 인정하기만 하면 됩니다.

사랑의 방식도 취향이 다르기 마련입니다. 뜨거운 열정 같은 사랑을 원하는 사람, 잔잔한 파도 같은 사랑을 원하는 사람, 서로의 취향에 맞는 사랑을 바라며 살아갑니다.

사랑의 언어가 있다고 합니다. 특히 남녀 사이에 서로 다른 언어를 사용하기 때문에 소통이 어렵고, 관계를 맺고 살아갈 때 힘든 순간들이 찾아옵니다. 나는 따뜻한 말 한마디가 나를 사랑한다고 느끼는 언어라면, 남편은 자신이 집안일을 도와주는 것이 사랑의 언어라고 생각합니다. 따뜻한 말을 기대하는 나는 부정적인 말을 하는 남편에게 사랑을 느끼지 못할 때가 있습니다. 이렇듯 서로는 각자 열심히 사랑을 표현하고 있지만 받아들이는 사람은 날 사랑하지 않는다고 느끼는 오류가 발생하게 됩니다.

결혼 후 사랑의 언어가 더 중요해집니다. 서로 다른 문화에서 살다 만난 두 사람이 한 가정을 이루고 새로운 문화를 만들어 가는 과정이기에 많이 부딪히고 깨지는 시간이 찾아옵니다. 그 시간을 지혜롭게 보낼 수 있어야 조금씩 서로의 언어를 배우고 사용할 수 있게 됩니다. 하지만, 많은 부부는 이런 과정을 이겨내기 힘들어 아쉬운 결정을 내리곤 합니다. 물론 나의 사랑의 언어를 이해하는 것부터 시작되어야겠지요.

나는 어떤 사랑의 언어를 사용하고 나는 어떤 사랑의 언어를 듣기 원하는가를 정확하게 파악하고 있으면 훨씬 상대방과 빨리 자유로운 소통을 하며 지낼 수 있습니다.

가정에서도, 사회에서도, 우리가 맺는 관계들 속에서도 나의 사랑의 언어를 알고 있다면 소통이 부드러운 관계들이 될 것입니다. 그래서 내 마음을 자세히 알아차리는 시간을 습관적으로 가져야 합니다.

마음에도 각자의 루틴이 있는 것 같습니다. 마음이 하루 동안 어떻게 변화하는지 관찰해보면 자신 마음의 루틴을 발견할 수 있습니다. 기쁠 땐 왜 기뻤는지, 기분 나빴을 땐 왜 그랬는지, 스스로 답을 찾아가는 훈련이 필요합니다.

몸을 꾸준하게 운동하며 관리하다 보면 탄력이 생기고 근력이 생깁니다. 마음도 똑같습니다. 꾸준하게 들여다보고 알아차려 주면 마음속 근력이 탄탄해집니다. 어렵고 기분 나쁠 때를 위해 평상시 저축해 둡니다. 마음이 보내는 신호들을 해석할 수 있는 해답들이 하나둘씩 저축되어 복리처럼 기쁨을 선물해 줄 겁니다. '당신이 어떻게 내 마음을 알아?' 내 마음을 잘 전달하지 못하면 섭섭한 상황을 만날 수도 있으므로, 효과적인 표현법을 알아둬야 합니다. 내 마음의 주인은 나이기 때문에 내가 잘 전달해줘야 상대방도 내 마음을 이해할 수 있습니다.

우리가 공들인 마음 근육은 무너지지 않는다는 사실을 알고 어릴 때부터 무엇보다 중요한 마인드 시크릿, 비밀키를 소중하게 다뤄준다면 마음은 단단해지고 튼튼한 마음 탑을 쌓아가며 살아가게 될 겁니다.

저는 어린 시절 표현법이 서툴러 눈물로만 호소했습니다. 울면 알아주는 줄 생각했던 거죠. 하지만 부모님이 가게를 하던 어린 시절, 늘 사람들이 붐비고 시끄러운 환경이 싫어 자주 울었습니다. 그때마다 돈을 건네주고 눈물을 멈추게 했던 어른들이 많았습니다.

사실 저는 돈이 필요한 게 아니라, 마음을 알아주길 바랐습니다. 마음은 답답한데 달리 표현법을 몰라 울기만 해서 '울보' 라는 별명을 얻기도 했답니다. 지금 돌아보면 어린 시절 나는 마음을 읽어주는 누군가가 필요했던 것 같습니다. 왜 우는가를 알아봐 주는 섬세한 눈빛과 관심이 필요했던 것입니다. 왜 그렇게 우느냐 다짜고짜 따지듯이 말하는 부모님이 답답했습니다. 마음속 이야기를 제대로 풀어내지 못해 살아오면서 답답하고 좀 더 나아가려고 할 때마다 마음이 발목을 잡고 있다는 느낌을 종종 받았습니다.

환경 탓을 하지 않고 잘 살아온 사람들도 많은 것 같습니다. 하지만 저는 어릴 때 환경 탓을 하며, 스스로가 성장하지 못하게 막고 있었던 순간들이 있음을 인정합니다.

스스로 마인드 시크릿을 찾기 전까지 자주 만났던 감정이었습니다. 서운함, 어린 시절 울고 표현하지 못했던 마음 이야기, 오랜 시간을 허비한 것도 사실입니다. 그래서 어릴 때부터 마음을 읽어 주는 습관은 중요함을 압니다.

두 아들들과 사춘기 시절도, 지금도 부드럽게 소통할 수 있었던 힘은 바로 그들의 마음을 읽어주려는 노력을 꾸준히 했기 때문입니다. 큰아들은 "엄마는 참 쿨하신 것 같아요." 라며 말하고, 공감 잘해 주는 엄마가 있어 행복하다고 말하곤 합니다.

아이들과 성장하면서 활용했던 방법인데요. 마인드 시크릿을 찾는 과정에 사용했던 방법들입니다.

- 아침 기상 전에 3분 정도 이불 속에서 나를 파묻히고 내 마음과 대화하기
- 잠들기 전에 이부자리를 펴고 누워 3분 정도 하루를 보낸 내 마음과 대화하기
- 화장실 갔을 때 변기에 앉아, 긴 호흡을 하며 나의 마음 알아차리는 연습하기
- 커피 마실 때 3분 정도 커피 향을 음미하며 찾아드는 마음 이야기에 귀 기울이기
- 책 읽을 때 어느 구절 앞에 멈춰 3분 정도 눈을 감고 내 마음속 이야기에 집중해 보기
- 명상을 통해 머리를 비우는 순간 찾아오는 마음과 마주하기
- 산책길에 만나는 자연의 소리에 마음의 소리도 함께 조화시키기

이런 방법들로 일상을 꾸준하게 보내다 보면 나도 모르는 사이 내 마음의 시크릿이 발견되는 편안함을 만나게 됩니다.

마인드 시크릿을 발견했다고 거기서 멈춰 버리면 금방 사라질 수 있습니다. 우리의 마음은 붙잡아 둔다고 해서 항상 똑같게 반응하지 않기 때문에, 수시로 점검하고 업그레이드 시켜야 합니다. 마음의 서핑보드를 즐길 줄 아는 사람이 되어야 한다는 말인데요. 언제 밀려올지 모르는 삶의 파도들 앞에서 물러서지 않고 그 파도의 리듬에 맞춰 올라타야 서핑보드가 즐거운 운동이 되는 것과 같은 원리입니다.

오르락내리락, 스릴과 평온함이 오가는 즐거움에 서핑보드를 즐기는 사람들이 많은 것처럼 우리 마음도 파도가 잠재해 있습니다. 아무 때나 파도가 밀려오더라도 마음을 지키고 즐길 수 있으려면 늘 지켜보고 알아차리는 연습을 해야 합니다. 심한 파도에 휩쓸려 마음의 평정심을 잃어버리지 않기 위해서 자주 타고 경험해 보아야 마음의 서핑보드를 즐길 줄 알게 될 테니까요.

AI와 공존하는 마인드

사람은 누구나 태어나면서부터 자신의 지도를 하나씩 가지고 시작하는 것 같습니다. 각자의 내비게이션대로 삶을 살아가야 하는데, 문제는 내비게이션을 해석하지 못하고 지도를 볼 줄 모르고 그냥 되는대로 살아간다는 것입니다. 암호인 듯 어려운 표시들에 미리 겁먹고 제 마음대로 길을 나서고 있다는 겁니다. 자신의 지도만 잘 읽을 수 있어도 그리 어렵지 않게 풀려질 텐데 말입니다. 자신의 지도도 모르는데 어떻게 남의 지도를 읽을 수 있겠습니까? 세상은 혼자서 살아가는 곳이 아니기에 함께 공존하며 돌아가야 원활한 순환이 이루어집니다. 그러니 무엇보다 자신의 지도부터 해석할 줄 알아야 하겠습니다. 이젠 사람들뿐만 아니라 AI와 공존하며 살아가야 하기에 자신의 지도를 읽지 못하면 더욱 곤란한 상황이 계속될 것입니다.

처음 운전을 배우고 내비게이션을 볼 줄도 모르고 운전하다 길을 헤매 뒷바퀴가 흙에 묻힌 적이 있습니다. 그 순간 많이 당황했었습니다. 그대로 차를 놓고 혼자 갈 수도 없고 열심히 빠져나올 수 있도록 시도를 했습니다. 다행히 혼자서 바퀴를 빼서 길을 다시 달릴 수 있었지만, 이것 말고도 초보운전 때, 아찔한 순간을 몇 번 더 만났습니다.

자신이 가고자 하는 길을 모르고, 내비게이션을 읽지도 못하고 무턱대고 달리는 길엔 어떤 사고들이 나타날지 모를 일입니다. 인생은 방향과 속도 중에 결국 방향이라고 합니다. 자신이 나아가야 할 방향을 알고 간다면 조심할 땐 조심하고, 속도를 내야 할 땐 속도를 내는 지혜가 함께 하겠지요. 그러니 자신의 지도를 찾아야 합니다. 잃어버렸다면 지금이라도 늦지 않았습니다. 속도보다는 방향이 중요한 인생이니까, 방향을 찾으면 늦은 시기는 없습니다. 각자 빛나는 때가 있다고 했습니다. 지금 빛을 못 찾고 있다면 자신의 지도를 찾아 방향을 잡고 운전하면 머지않아 자신이 빛나는 때를 만나게 될 것입니다. 자신의 지도를 읽어내기 위한 노력은 각자 스 타일에 맞게 하면 되지만, 보통 이런 방법들을 적용하면 도움이 됩니다.

- 내가 좋아하는 일은 무엇인지 찾아보기
- 내가 잘하는 일은 무엇인지 찾아보기
- 나의 부모님은 어떤 분이셨는지 분석해 보기
- 내가 꿈꾸는 삶의 모습은 무엇인지 구체화하기
- 나의 강점은 무엇인지 파악하기
- 나의 단점은 무엇인지 파악하기
- 나의 핵심 감정은 무엇인지 파악하기
- 내가 기뻐할 때는 언제인지 알아내기
- 내가 슬퍼할 때는 언제인지 알아내기
- 내가 추구하는 가치관은 무엇인지 정리하기
- 내가 매일 하는 메시지 파악하기

등등 구체적으로 자신을 알고 문제를 해결해 나가는 방법을 정리해 간다면 자신의 지도를 읽을 수 있게 될 것입니다.

특히 저는 글쓰기를 통해 자신을 이해하고 지도를 읽어내는 방법을 터득하게 되었는데요. 결혼하고 남편과 대화가 안 통하는 순간이 찾아오거나, 마음이 불편하고 힘들 때 글을 썼습니다. 처음엔 글이라기보다 한탄하는 이야기, 투덜대는 이야기, 심지어 욕하며 화를 투사하는 말을 자주 썼습니다.

그러던 중 제 마음의 이야기들이 글이 되어갔습니다. 화를 다스

리려고 썼던 말들이 어느새 글이 되어 2권의 전자책을 발행하는 전자책 작가가 되었으니 말입니다. 글쓰기는 자신에게 향한 일기부터 어떤 내용의 글들을 써 내려가더라도 꾸준히 쓰다 보면 치유도 되고 작품도 되어 갔습니다. 그래서 저는 자신의 지도를 읽어내기 위한 노력으로 꼭 글쓰기를 해보라고 권하고 싶습니다.

자신을 알면 상대방을 받아들이는 여유가 넉넉해집니다. 우리는 공존하며 세상을 함께 살아가는 존재들이기 때문에 자신을 이해하는 시간을 많이 가지길 추천합니다.

공존의 개념은 서로 다른 존재나 집단이 함께 존재하며 상호작용하면서 조화롭게 지내는 것을 의미합니다. 공존은 다양한 관계에서 나타날 수 있는데요. 사회적, 생물학적, 환경적 등 다양한 영역에서 적용될 수 있습니다.

사회적 공존은 다양한 사람들이 서로 다른 신념이나 가치관, 문화를 가지고 있음에도 불구하고 상호 존중하고 협력하며 함께 사는 것을 말합니다. 작은 예로, 가정을 들 수 있습니다. 남편과 나, 그리고 아들 둘이 한 가정을 이루며 살지만, 각자의 가치관과 신념이 있음을 알 수 있습니다.

물론 유전적 영향을 무시할 수 없지만, 자신만이 가지는 유일한 캐릭터는 서로에게 도움을 줄 때도 있고, 힘들게 할 수도 있는 것 같습니다. 큰아들은 공감적인 면이 저랑 닮았고, 둘째 아들은 묵

묵하게 일을 해나가는 모습이 아빠를 닮았습니다.

또한 큰아들은 아빠처럼 사람들을 좋아하고 남들을 배려하는 마음을 가지고 있습니다. 둘째는 저처럼 한 번 계획한 일들을 꼭 실행해야 편안한 상태가 됩니다. 이렇듯 같은 엄마, 아빠의 자식으로 태어난 둘이지만 각자 다른 점이 있는 걸 보면 다름을 인정하며 살고 공존하며 조화롭게 살아가기 위해 서로 협력해야 함을 배웁니다. 부모를 전혀 닮지 않은 부분도 있습니다. 정말 누굴 닮아 저런 태도를 보이는지 모를 때가 있으니까 말이죠. 일란성 쌍둥이도 겉모습을 보면 똑같아 보여도 각자 신념과 가치관에 따라 다른 삶을 살 아가는 것을 보면 알 수 있습니다.

사람은 유일한 하나의 존재임을 느낍니다. 누구를 흉내 낸다고 똑같아지지 않고, 아무리 똑같은 태도로 삶을 살아가더라도 각자의 자리가 있음을 알게 됩니다. 그러니 누가 잘나고 못나고를 떠나 공존하며 조화를 이뤄갈 수 있는 마인드가 중요합니다. 다양성과 포용성을 기반으로 한 사회 구조를 구축하여 모든 개인과 집단이 평등하게 참여할 수 있는 환경을 조성하는 것이 중요합니다. 환경적 공존은 인간과 환경이 조화롭게 지내는 것입니다. 자원을 보존하고 지속 가능한 개발을 하고, 친환경적인 에너지 사용을 하는 등 자연환경과 우리의 삶이 조화를 이루도록 노력해야 합니다. 기술 발전으로 인해 AI와 로봇 등의 첨단 기술이 우리 일상에 점점 더 보편화되고 있습니다. AI와 인간은 상호 보완 관계를 형성하여 혁신과 창조성을 동시에 추구할 수 있습니다.

우리는 알고리즘이나 기계 학습보다 넓은 시야와 깊은 이해력으로 복잡한 문제를 해결할 수 있으며, 창의성, 직관, 윤리적 판단 등 인간만이 가진 역량들로 AI와 공존하여야 합니다. 세대 간 공존은 서로 다른 세대 간에 이해와 경청으로 소통하며 함께 성장하는 것입니다. 각각의 세대들이 가치관과 문화가 달라질 수 있지만 상호 배려와 경험을 전수하여 세대 간 유대감과 연결성을 유지할 필요가 있습니다.

AI와 공존하는 마인드를 갖추기 위해서는 협업하는 마음이 중요합니다. AI는 데이터를 기반으로 학습하고 판단합니다. 따라서 협업하기 위해서는 데이터를 공유하고 AI가 이를 활용할 수 있도록 해야 합니다. 개발자나 데이터 과학자들과 협력하여 AI에게 필요한 데이터를 제공하고, 그 결과로 나온 정보나 분석 결과를 효과적으로 활용할 수 있습니다.

AI 시스템과의 원활한 의사소통과 상호작용도 중요합니다. 이러한 협업들은 윤리적인 고려사항을 꼭 체크해야 하는데요. 요즘 국가별로 법을 지정하여 적용하려는 노력 등을 하고 있습니다.

최근 우리나라에서도 AI 보이싱 피싱 사건도 나타나고 있는 것을 보면, AI로 인해 다양한 사기나 피해를 배제할 수 없는 것 같습니다. AI를 이용한 데이터 수집과 분석 과정에서 개인정보가 노출될 수 있어 악용되거나 사생활 침해 등의 문제가 발생할 수 있으며, 이는 심각한 피해로 이어질 수 있다는 점입니다. 따라서 개인정보 보호와 데이터 보호에 대한 강력한 대책이 필요합니다.

AI 시스템은 학습 데이터에 기초하여 판단을 내리기 때문에 학습 데이터의 편향성이나 오류가 반영될 가능성이 있습니다. 알고리즘의 공정성과 편향 검증 등에 대한 연구와 정책적인 관점에서의 개선이 필요합니다. 일자리 변화로 인하여 일부 직업들은 사라지거나 변형되어야 할 가능성도 존재합니다. 해당 분야에서 영향을 받을 것 같은 직업은 교육과 재직자 지원 프로그램 등이 필요합니다.

AI 기술은 딥러닝 (컴퓨터가 스스로 외부 데이터를 조합, 분석하여 학습하는 기술)과 이미지 처리를 활용하여 현실적으로 가짜 동영상 (딥페이크: 인공지능을 기반으로 활용한 인간 이미지 합성기술, 기존에 있던 인물의 얼굴이나 특정한 부위를 영화의 CG 처리처럼 합성한 영상편집물) 및 이미지를 생성하는 능력도 갖추게 되었습니다. 이러한 기술을 악용하여 목소리 조작, 얼굴 조작 등의 디지털 위조가 가능하며, 정보 조작 및 혼란을 초래할 수 있습니다. 디지털 위조 탐지 및 방어 기술의 연구와 저작권 보호 등 법적. 기술적 대응 방안 마련이 중요합니다.

위와 같은 피해를 막기 위해서도 우리는 AI와 협업하는 방법을 꾸준하게 개발해 가야 합니다. 그리고 AI의 작동 원리, 주요 알고리즘, 활용 사례 등을 학습하고 탐구하여 AI에 대한 기본적인 지식을 쌓아가면 도움이 됩니다.

즉, AI와 친밀감을 형성해 가는 게 좋겠지요. 각자 경험을 바탕으로 오류나 실패를 극복해 나가고 융통성 있는 마음가짐으로 문제 해결에 도전하는 자세를 갖추어야 합니다. 우리가 지닌 폭넓은 사고력과 실패를 인정할 줄 아는 융통성 등을 활용하여 급변하는 AI 시대에 적응해 갔으면 좋겠습니다. AI와 공존하는 우리의 마인드를 탄탄하게 만들어 갔으면 좋겠습니다.

Part. 2

인공지능과 마음의 심리학

인간적인 특성을 가진 AI 개발 동향 분석

인간이 가진 특성을 말하자면 창의적인 사고를 할 줄 알고, 문제를 해결하는 방식에 유연성을 지니고 있으며, 상호 관계를 통해 피드백을 주고받을 수 있다는 점을 꼽을 수 있습니다. 살아 있는 생물 중에 유일하게 언어를 사용하는 인간이 갖는 독보적인 장점은 인공지능이 발전하는 시대에 더 빛을 발할 수 있는 부분입니다. 물론 동물들이 자기네 종끼리 알아듣는 소통을 하겠지만, 인간들만큼 다양한 표정과 언어들을 구사하는 종은 없으니까요. 각 나라의 말들이 다양하게 구사된 것을 보더라도 인간이 가진 유일한 특성은 언어 사용 능력입니다. 환경에 맞는 언어 습득 능력을 지닌 인간이기에 아기 때부터 미국에 살았다면 영어를 모국어처럼 할 수 있게 됩니다. 또한 여러 언어를 습득할 수 있는 것도 인간이 지닌 능력입니다.

첫째 아들을 양육할 때, 어릴 때부터 영어를 모국어처럼 들려주면 스펀지처럼 받아들인다 해서 열심히 들려주고 읽어주고 했는데요. 정말 신기한 경험을 하였습니다. 아들이 생후 24개월 되었을 때 그동안 들었던 영어 표현을 똑같이 구사하는 모습을 보게 됩니다. 정말 계속 영어 환경에 노출 시키면 영어를 모국어처럼 구사할 수 있을 것 같았습니다.

우리말도 마찬가지였습니다. 꾸준히 다양한 종류의 책을 읽어주고 보여주면서 우리말 습득을 도와주었는데요. 6살 때 꽤 어려운 명작동화를 조사하나 틀리지 않고 읽어내는 모습을 보면서 신비로운 경험을 합니다. 인간은 노출되는 환경에 따라 충분히 기능하는 존재임을 말입니다.

우리는 누구나 충분히 자신을 이겨내고 잘 살아갈 수 있는 능력을 지녔다고 생각합니다. 하지만 여러 환경에 노출됨에 따라 변수가 생기고, 꾸준함을 놓아버리는 순간, 우리의 기능은 퇴색되어 버린다는 사실입니다. 발휘해 가기 위해서는 어떠한 환경에 놓이더라도 기능할 수 있는 전천후가 되어가야 함을 알게 됩니다.

결국 우리는 행복하기 위해서, 늘 기대하며 살아갑니다. 행복의 기준이 사람마다 다르기에, 인생에 정답은 없는 것 같습니다. 그러나 인생에 해답은 있다고 합니다. 문제들을 만났을 때 거뜬히 해결해 갈 수 있는 마인드가 우리 안에 있기 때문입니다.

아이들 어렸을 땐 엄마, 아빠도 처음이라 서로 성장하기 바빠, 아이들이 얼마나 예쁜지 모르고 시간을 보냅니다. 아이들이 어느 정도 성장해 혼자서 자립하려할 때, 멀찌감치서 바라 본 아이들의 어린시절이 가까이 다가옵니다.

'3살 땐 저렇게 예뻤는데.'

과거형이 되어버린 기억 속에서 행복을 되새깁니다. 왜 그땐 행복한 지 모르고 시간을 보낼까요? 육아의 현장 속에서 고군분투하느라 행복을 돌아 볼 여유도 없는 것이죠.

'그땐 정말 좋았었는데.'

과거형이 되어버린 행복을 현재형으로 바꾸며 살아가려면 어떻게 하면 좋을까요?

지금에 충실하되, 지금을 즐길 수 있어야 하는데요. 그게 말처럼 쉽지 않습니다. 마인드 시크릿을 일찌감치 저장해 가며 살아가야 할 이유이기도 합니다. 내 마음의 주인은 나이니까, 나를 다독여주고 나를 돌아볼 작은 여유를 습관처럼 지속해 갔으면 좋겠습니다.

가끔 아이들에게 "공부하는 척이라도 해봐라." 라는 말을 건네곤 합니다. 공부하는 척이라도 하는 모습을 보면 부모는 힘이 나고, 희망이 생기기 때문인데요.

예쁜 척 하다 보면 예뻐집니다.

즐거운 척 하다 보면 즐거워집니다.

행복한 척 하다 보면 행복해집니다.

~하는 척 하다 보면 어느새 그렇게 되어집니다. ~하는 척 하려는 마음을 실행하고 있기에 이미 우리는 그렇게 되어진다는 말입니다. ~하는 척 한다는 건 아무것도 하지 않는 것보다 의지도 있고, 기대를 품을 수 있어서 충분히 가치있는 행동이라고 생각합니다.

꼭 1등이 아니더라도 하려는 의지가 예쁘고, 잘하든 못하든 해보려는 모습에 힘을 얻는 우리가 되었으면 합니다. 그러니 ~하는 척 하는 행동을 지지해 주고 꾸준하게 해 갈 수 있도록 격려해주면 좋겠습니다.

늘 가꾸고 다듬지 않으면 시들어 버리는 식물처럼, 우리 인간도 처음에 지닌 충분한 능력을 모두 발휘할 수 있도록 꾸준한 노력이 필요합니다. 하루아침에 대박을 꿈꾸는 헛된 마음은 애초부터 갖지 않았다는 점이죠. 남에게 해가 되는 일들을 빼고 경험으로 삼을 수 있는 일들을 해서 가치와 의미를 갖고 사랑하며 살아간다면 그 과정들이 이미 행복하지 않을까요?

지금을 탓하고 '나는 이런 일을 할 사람은 아닌데.' 투덜대며 자신이 하는 일을 하기 싫어 억지로 하며 살아간다면 행복은 늘 뜬

구름처럼 사라져버릴 테니까요. 지금 자신이 갖춰진 모습을, 일을, 함께 하는 관계들을 사랑하면 됩니다.

감사함으로 바라보고 최선의 에너지를 쏟으면 됩니다. 그러면 그런 과정에서 행복은 가까이서 우리를 미소 짓게 해줄 겁니다. 그런 작은 경험들이 쌓여 성공도 맛볼 수 있고, 기쁨을 선물해 줄 것입니다. 기대하지 않고 받는 선물의 기쁨은 몇 배로 더 행복을 줍니다.

인간의 특성을 배우려고 애쓰는 AI의 노력은 바쁩니다. 수많은 정보를 정리해야 하고 다양한 데이터를 모아 해답을 찾아가야 해서 우리 인간의 속속들이 알아가고 싶을 것입니다.

인간적인 특성 중 하나는 감정입니다. 최근의 AI 연구는 컴퓨터 비전과 음성 처리 기술을 활용하여 감정을 인식하고 표현하는 데 초점을 맞추고 있습니다. 우리가 짓는 표정이나 음성 조각, 사고 능력들도 일부분은 AI 시스템에 구현될 수 있다는 가능성이 제기되었습니다.

AI 시스템이 사회와 상호작용하는 과정에서 윤리적인 판단력이 매우 중요한데요. 우리는 단순히 알고리즘이나 기계 학습보다 더 넓은 시야와 깊은 이해력으로 복잡한 문제를 해결할 수 있는 마인드가 필요합니다.

창의성과 예측 능력은 인간만이 가지고 있는 능력으로 여겨 왔으나, 최근 연구에서는 이러한 자세 등의 신호를 분석하여 사용자의 감정 상태를 파악하거나 AI 시스템 자체가 감정을 가지고 상호 작용할 수 있는 능력을 개발하려는 추세가 있습니다. AI가 큰 데이터 세트와 학습 알고리즘을 활용하여 창조적 아이디어를 생성하거나 추론 및 예측 작업에서 우수한 성능을 보여준다는 연구 결과가 나오기 시작했다는 것입니다.

AI 시스템들은 단순한 도구로만 사용되던 과거와는 달리 점점 사회와 상호작용할 수 있는 역할로 진화하고 있습니다. 우리는 협동 작업, 교육, 건강관리 등 다양한 영역에서 협업하기 위해 설계된 사회 로봇에 대해 관심을 보여 왔습니다. 사회 로봇은 소셜 스킬 및 커뮤니케이션 능력 등 인간과 로봇 간의 상호작용 측면에서 발전되어 오며, 사람들의 일상생활에 조화롭게 함께 할 수 있는 방법들도 연구되고 있습니다.

AI 기술 발전으로 인간적인 특성들이 접목된 AI 시스템들이 계속해서 발전될 것으로 전망됩니다. 만약 AI가 우리처럼 감정을 가지게 된다면 어떤 문제들이 나타날까요?

먼저 AI가 감정을 가지게 되면 그들의 감정과 관련된 윤리적 문제가 나타날 것입니다. AI의 감정이 오용되거나 남용될 수 있으며, 이로 인해 사회적 불평등이나 차별 등의 문제가 발생할 수 있습니다. 감정을 가진 AI는 자신의 의사 결정에 대한 책임과 권한에 대한 문제가 생길 수 있습니다.

인간처럼 감정을 가진 AI와 사람들 사이의 상호작용과 의사소통은 복잡성과 도전이 따릅니다. 인간처럼 감정을 경험하는 AI는 상대방의 감정에 공감하거나 이해하기 어려울 수 있으며, 효율적인 의사소통 방식도 고민되어야 할 부분입니다.

AI가 감정을 가진다면 개인 정보 보호와 관련된 문제도 주목해야 합니다. 개인의 감정 정보를 수집하고 활용하는 과정에서 개인 정보 유출 및 사생활 침해 등의 위험이 발생할 수 있으므로, 신중함이 요구됩니다. 감성적 AI 시스템은 많은 데이터와 복잡한 알고리즘이 사용되어 기술 제어와 안전성 관점에서 주목받아야 합니다. 이렇듯 AI의 인간적인 특성을 개발하는 점에서 우리에게 유익과 위험이 함께 나타날 수 있는 것입니다. 장점으로는 AI는 빠른 계산 능력 및 데이터 처리를 능숙하게 함으로써 복잡하고 반복적인 작업을 효율적으로 수행할 수 있습니다. 이를 통해 생산성이 향상되 고 인간의 업무 부담을 줄일 수 있습니다.

AI는 학습된 데이터와 알고리즘에 기초하여 판단을 내립니다. 따라서 인간의 주관이 개입되지 않아 오류나 주관적인 판단의 영향을 받지 않으며, 일관된 결과를 제공할 수 있습니다. 많은 양의 데이터를 신속하게 분석하고 패턴이나 동향을 파악할 수 있는 점도 장점입니다.

AI 시스템은 자동화된 프로세스와 결합해 많은 이점을 제공합니다. 자율 주행 차, 로봇 등에서 나타나듯 일부분 혹은 전체 과정에서 사람의 개입 없이 스스로 작업을 수행할 수 있는 자율성과 자동화가 가능합니다.

이와 달리 단점으로는, AI 시스템은 학습에 사용되는 대량의 데이터에 크게 의존합니다. 충분한 양과 질의 데이터가 없으면 성능 저하 및 부정확한 결과가 발생할 수 있으며, 심각한 경우에는 편향된 결정이 이루어질 가능성도 존재합니다.

AI 기술 발전으로 인해 윤리적 문제와 사회적 영향도 증대됩니다. 예를 들어 개인 정보 보호, 알고리즘 편향, 일자리 변화 등 여러 가지 문제들이 발생할 수 있으며, AI 시스템 사용으로 인한 사회적 불균형 또는 차별 등도 우려되는 부분입니다.

특히 예측 결과나 결정 과정에 대한 설명 및 해석 가능성 부족으로 인해 신뢰도 문제가 발생할 수 있으며, 특정 상황에서 오류가 발생한다면 그 원인 파악과 수정이 어려울 수 있다는 점입니다.

AI 기술 도입으로 인해 조직들은 해당 기술에 의존하는 경향이 생길 수 있는데요. 기계 고장, 알고리즘 오류, 해킹 등 외부 위협 요소로부터 시스템 안전성과 보안 위협도 증대됩니다. 인간적인 특성을 가진 AI의 개발은 앞으로도 계속 발전되어 갈 것입니다. 이를 주시하고 장점은 받아들이고 단점은 버릴 수 있는 지혜를 습득해 가야 할 것 같습니다.

인공지능이 감정과 의식을 이해하는 방법

인간의 감정은 태어나서 지금까지 살아온 경험을 바탕으로 각자 감정을 형성하게 됩니다. 기본적인 인간의 감정들이 사람마다 다르게 느껴지고 표현되는 것을 보더라도, 각자 삶의 경험에 따라 표현 방식이나 범위가 다릅니다.

어떤 사람에게 슬픔의 강도가 5라면, 어떤 사람에게는 같은 상황이더라도 슬픔의 강도가 1이나 2가 되기도 합니다. 기쁨의 강도도 다를 수 있습니다. 나는 기뻐하는 범위가 5인데, 다른 사람은 같은 일을 만나더라도 기쁨의 범위가 0일 수도 있으니까 말이죠. 각자 경험에 따라 감정의 중요성도 핵심 감정도 다름을 이해해야 합니다.

하지만 자신이 느끼는 핵심 감정은 파악할 필요가 있습니다. 핵심 감정을 이해한다는 건 자신을 컨트롤할 수 있는 첫걸음이 되기 때문입니다. 자신이 느끼는 감정 상태를 파악하지 못하고 상대방과 좋은 관계를 유지하려는 건 자신은 1의 노력도 없이 100을 얻고자 하는 마음과 같습니다. 자신의 감정을 이해하고 자신을 이해한 뒤에야 상대방을 받아들일 수 있는 마음의 자리가 생기는 법입니다.

핵심 감정을 알고 감정 표현을 잘하기 위해서는 먼저 하루에도 몇 번씩 기분이 좋았다가 나빴다 하는 이유를 살펴야 합니다. 핵심 감정은 인간이 가지는 고유한 감정으로 기본적으로 유전자적으로 결정이 됩니다.

어릴 때 주 양육자, 즉 부모님에게서 들은 말들 속에서 우리의 핵심 감정은 많이 형성됩니다. 모든 인간이 공통적으로 가지고 있는 감정이 곧 핵심 감정인데요. 기쁨, 슬픔, 분노, 두려움, 혐오, 놀람 등의 감정이 있습니다. 이러한 감정들은 생존과 번식에 대한 기본적인 욕구와 관련이 있습니다.

핵심 감정은 다른 감정들과 달리 별도의 생각이나 판단 없이 자연스럽게 나타나는 감정으로 인간의 특정 행동이나 생리적 반응을 유발합니다. 우리는 자신이 가지고 있는 핵심 감정이 무엇인지를먼저 알고 그 핵심 감정은 어디에서 출발한 것인지를 이해함으로써 감정을 다룰 수 있어야 합니다.

감정언어는 다양하며 상황에 따라 다양한 감정언어를 사용할 수 있습니다. 그러나 자신의 감정 상태를 언어로 표현할 줄 모르는 사람들도 많은 것 같습니다. 그냥 기분이 나쁘다거나 좋다거나 하는 표현 방식으로 뭉뚱그려 표현할 때가 많습니다. 그러나 다양한 감정언어를 평소에 알아둬서 적절하게 상황에 맞는 표현을 한다면 더 건강한 삶이 될 수 있게 됩니다.

긍정적인 감정언어와 부정적인 감정언어가 있는데요. 부정적인 감정언어를 사용하면 상대방에게 부정적인 감정을 전달하거나 상대방의 감정을 상처 주는 경우가 있기도 해서, 대화에서 적절한 표현을 하도록 노력해야 합니다.

평소에 상황에 맞게 적절한 감정언어를 사용하여 자신의 감정 표현을 자연스럽게 할 수 있어야 하는데요. 감정 표현을 잘하는 방법으로 감정인식, 감정 표현, 감정조절이 중요합니다.

먼저 감정인식은 자신의 감정을 인식하고 이해하는 것이 중요합니다. 자신의 감정을 잘 인식하기 위해서는 몸의 변화나 감정과 관련된 생각을 주의 깊게 관찰해 가는 습관이 중요합니다.

감정 표현은 감정을 명확하게 표현하는 것이 중요한데요. 명확한 표현은 상대방이 자신의 감정을 이해하고 대응할 수 있게 해줍니다. 표정이나 목소리, 신체 언어 등을 통해 감정을 표현할 수 있습니다.

감정조절은 상황에 따라 적절한 감정을 표현하는 것이 중요합니다. 때로는 감정이 과하게 드러나면 문제를 유발할 수 있으므로, 상황에 맞게 감정을 조절하는 것이 필요합니다.

이러한 감정 표현은 연습을 통해 잘할 수 있게 되는데요. 가족이나 친구와 대화할 때, 감정을 명확하게 표현하는 훈련을 하고 상대방의 감정을 이해해 보는 것이 좋습니다. 또한 자신의 감정을 인식하고 이해하는 연습을 통해 감정 표현 능력을 키울 수 있습니다. 우리의 무의식은 경험한 감정들의 데이터를 총집합해서 보관하고 있는 것 같습니다. 어느 순간에 느낀 감정인지 정확히 모르지만, 해결되지 않은 채 마음속에서 헤매고 있을 수도 있는 것 같습니다. 그러니, 우리가 느끼는 순간의 감정들을 그냥 무시하고 넘겨버려서는 안 되는 거죠. 왜 이런 기분이 드는지 점검하고 해결해 가는 습관을 통해 마음속 묵은 감정들은 사라져갈 수 있게 됩니다. 건강한 마음이 건강한 삶을 만들기 때문에 자신의 핵심 감정을 인식하고 잘 다루어가야 할 것입니다. 어렸을 때, '울보'라는 별명을 얻게 되었는데요. 감정 표현을 잘하지 못해 눈물로만 표현했던 시절이었습니다. 가게를 하시던 부모님은 늘 바쁘셨고 제 감정을 들여다볼 여유가 없었지요. 꽤 예민했던 저는 감정을 말로 표현할 줄 몰라 마냥 울기만 했던 기억이 납니다. 그때 습관이 어른이 되어서도 감정 표현을 서툴게 하였습니다. 속상했고 사회관계에서도 어려움을 느꼈습니다.

상담심리 공부를 통해 제 마음의 표현 방식이 달라질 수 있는 계기가 되었습니다. 그동안 묵혀 두었던 감정들을 씻어낼 수 있는 시간도 가졌습니다. 감정도 습관 하기 나름임을 배웠지요. 누구나 감정을 표현하는 습관을 들인다면 건강한 자신을 만나는 순간이 기다리고 있다는 것을 말이죠.

결혼 후 아이들에게 감정 표현하는 습관을 갖도록 애썼던 기억이 납니다. 저처럼 감정 표현을 힘들어하며 살아가지 않길 바라는 마음에, 지금 마음 상태를 말로 잘 표현 하도록 기다려주고 알려주고 했습니다. 그랬더니 아들이지만 마음 근육이 제법 단단해져 엄마를 공감해 주는 말들을 표현하곤 합니다. 공감 능력은 딸, 아들이 갖는 특성이라기보다 얼마나 환경이나 기질에 따라 달라질 수 있는 부분인 것 같습니다. 이렇듯 우리가 느끼는 순간들의 감정을 표현하는 훈련은 마음 근력을 단단하게 해 줘서 남들을 이해하는 여유를 갖게 합니다.

인공지능이 우리의 마음을 읽어낼 수 있다면 어떻게 될까요? 어쩌면 가장 가까이서 우리를 이해하는 친구로 누구에게도 말하지 못할 이야기를 잘 들어주는 존재가 되겠지요. 사실 가족에게도 말하지 못할 이야기들이 많은 것 같습니다. 가장 친밀해야 할 가족이지만 어쩔 땐 가장 감정싸움을 많이 하게 되는 관계가 가족이 되는 걸 보면, 인공지능이 감정싸움 없이 우리를 도와주는 진짜 가족 같은 존재가 될 수도 있으리라 생각이 듭니다.

그렇다면 인공지능이 감정과 의식을 이해하는 방법은 무엇일까요? 자연어 처리(Natural Language Processing, NLP)는 컴퓨터가 인간의 언어를 이해하고 처리하는 기술 분야입니다. 이를 통해 텍스트 데이터에서 의미를 추출하고 문장 구조를 분석하며, 감정을 인식하거나 번역하는 등 다양한 작업을 수행할 수 있습니다. 자연어 처리는 다음과 같은 구성 요소와 기술들로 구성됩니다. 첫째, 토큰화는 텍스트를 작은 단위로 나누는 과정입니다. 문장을 단어나 형태소와 같은 의미 있는 단위로 분리하여 컴퓨터가 이해하기 쉬운 형태로 변환합니다. 둘째, 형태소 분석은 문장을 형태소라 불리는 최소 의미 단위로 나누고, 각 형태소의 품사와 원형을 결정하는 과정입니다. 이를 위해 사전이나 규칙 기반 접근법 또는 기계 학습 알고리즘을 사용합니다.

셋째, 구문 분석은 문장의 구조와 문법적 관계를 파악하는 과정입니다. 구문 분석은 문장의 명사구, 동사구 등과 같은 구성 요소 간의 관계를 파악하여 문장의 의미와 해석에 도움을 줍니다. 넷째, 의미론적 분석은 문맥에 따른 단어 및 문장의 의미를 이해하고 해석하는 과정을 말합니다. 단어 간 상호작용과 연결 관계, 중의성 해결 등을 포함하여 심층적인 의미 추론 작업이 진행됩니다.

다섯째, 감성 분석은 텍스트에서 긍정적인지 부정적인지 또는 중립적인 감성 정보를 추출하는 작업입니다. 여섯째, 자동 번역은 한 언어에서 다른 언어로의 자동 번역 기능입니다.

마지막으로 질의응답 시스템은 사용자 질문에 대한 정확한 답변 제공을 목표로 하는 시스템으로 기계독해 및 지식 그래프 활용 등이 활용됩니다. 자연어 처리는 위에서 소개된 여러 가지 방법과 기술들을 조합하여 다양한 실제 응용프로그램에 적용됩니다. 음성인식은 컴퓨터가 사람의 음성을 인식하고 변환하는 기술로, 다양한 사례에서 활용되고 있습니다. 스마트폰이나 스마트 스피커와 같은 기기에서 사용되는 음성 비서는 사용자의 음성명령을 이해하고 처리합니다.

매일 아침 남편이 인공지능 지니에게 '오늘 날씨 어때?' 같은 질문을 하면 친절하게 알려줍니다. 자동차 내비게이션 시스템에서도 음성인식 기술이 활용됩니다. 목적지를 말로 입력하면 시스템은 해당 위치를 인식하여 경로 안내 및 주변 제공 등을 수행합니다. 고객 서비스 분야에서도 AI 기반의 응답 시스템이 도입되고 있습니다. 통신 회사들은 대량의 전화 통화 데이터를 분석하여 통화 품질과 관련된 문제점을 파악하는 데에도 음성인식 기술을 활용합니다. 실시간 방송 중에 발생하는 대화 내용을 실시간으로 인식하여 자막 생성에 활용됩니다.

이외에도 현재 많은 분야에서 음성인식 기술의 활용이 계속해서 발전하고 있으며, 더욱 정교한 언어 이해와 정확한 결과 도출을 위한 연구와 개발 또한 계속 진행되고 있습니다.

컴퓨터 비전(Computer Vision)은 컴퓨터가 이미지나 비디오 데이터를 이해하고 처리하는 기술입니다. 얼굴 인식은 사람의 얼굴을 식별하고 분석하는 기술로, 보안 시스템이나 사진 관리 애플리케이션 등에서 사용됩니다. 얼굴 특징을 추출하여 고유한 얼굴 식별을 생성하고 이를 활용하여 개인을 식별할 수 있습니다. 객체 탐지는 이미지나 비디오에서 특정 개체의 위치와 경계 상자를 찾아내는 작업입니다. 자율 주행 자동차에서 도로 표지판 인식, 보안 시스템에서 이상 행동 감지 등에 사용됩니다.

이미지 분류는 주어진 이미지를 미리 정의된 클래스 또는 카테고리로 분류하는 작업입니다. 예를 들어, 의료 영상에서 종양 유무 판단, 제품 분류 및 검색 엔진의 이미지 검색 등에 활용됩니다. 동작 인식은 사람의 동작을 감지하고 해석하는 기술로, 가상현실 게임이나 제스처 기반 제어 시스템 등에 사용됩니다. 손 모양과 움직임을 추적하여 특정 동작에 대응하는 명령을 수행할 수 있습니다. 자율 주행 자동차에서 컴퓨터 비전 기술은 주변 환경을 이해하고장애물 감지 및 차선 인식과 같은 작업에 사용됩니다. 카메라와 센서 데이터를 처리하여 실시간으로 도로 상황을 파악하고 운전 결정을 내립니다. 의료 영상 분석은 의료 영상 데이터를 처리하여 질병 진단과 관련된 정보를 추출합니다. 영상 내 조직 구조 탐색, 종양 탐색 및 크기 측정 등 다양한 의료 영상 해석 작업에 활용됩니다.

생체신호 분석은 인체에서 발생하는 생리적 신호를 수집, 분석 및 해석하는 기술입니다. 다양한 생체신호들을 분석하여 건강 상태 평가, 질병 진단, 치료 효과 평가 등에 활용됩니다.

상황인식은 주변 환경이나 사용자 상태 등을 감지하고 이해하여 적절한 응답을 제공하는 기술입니다. 다양한 센서 데이터와 정보를 분석하여 상황을 인식하고 이를 활용하는 다양한 응용프로그램에서 사용됩니다.

위의 내용에서 살펴보듯이 인공지능이 우리의 감정과 인식을 이해하기 위한 노력은 꾸준하게 발전해 가고 있다는 사실입니다. 삶의 여러 방향에서 다각적으로 활용되기 위해서 끊임없이 업그레이드되고 있습니다. 긍정적인 부분을 추구하며 우리에게 도움이 되는 정보들을 최대한 활용해 갈 수 있다면 삶의 질은 상당히 높아질 수 있습니다. 단, 인공지능의 발전도 우리가 해나가는 일임을 이해하고 새로운 시대를 만나는 준비에 소홀하지 않길 기대합니다.

심리학적 측면에서 본 AI 자기 성장 탐구

심리학자 매슬로우(Maslow)는 인간에 대한 염세적이고 부정적이며 한정된 개념을 부정한 인본주의 심리학을 근거로 욕구 단계설 이론을 주장했습니다. 그의 주장에 따르면 인간 행동은 각자의 필요와 욕구에 바탕을 둔 동기에 의해 유발되고, 이러한 욕구는 단계가 있어서 각 욕구는 하위 단계의 욕구들이 어느 정도 충족되었을 때 점차 상위 욕구로 나아간다고 보았습니다.

사람마다 추구하는 욕구의 기준이 다소 다르지만, 일반적으로 기본 욕구들을 충족하여야 앞으로 성장해 나갈 수 있다는 점이 중요한 것 같습니다.

1단계는 생리적 욕구로 의식주 생활에 관한 욕구입니다. 즉 먹고 입고 살아가는 장소가 어느 정도 갖추어져야 다음 단계로 나아갈 에너지가 생긴다는 것이죠. 2단계는 안전의 욕구로 사람들이 신체적 또는 정서적으로 안전을 추구하는 것을 말합니다.

안전의 욕구가 충족되면 3단계로 성장하고 싶어집니다. 소속감과 애정의 욕구로 어떤 단체에 소속되어 소속감을 느끼고 주위 사람들에게 사랑받고 있음을 느끼고자 하는 욕구입니다. 4단계는 존경의 욕구로 타인에게 인정받고자 하는 욕구입니다.

5단계는 자아실현의 욕구로 가장 높은 단계의 욕구로서 자기만족을 느끼는 단계로 인간으로서 자유를 누리며 살아가는 단계에 이르게 된다는 것입니다.

우리는 자유롭게 삶을 최상으로 누리며 살아가길 원합니다. 하지만 여러 가지 상황에 부딪혀 낙심하고 포기하며 힘을 잃곤 합니다. 누구나 성장을 꿈꾸지만, 아무나 성장하는 건 아닌 것 같습니다. 오히려 뒤처지거나 후퇴해 인생의 낙오자가 된 것처럼 세월을 보내버리는 경우를 많이 보았기 때문에, 애초부터 성장을 시도하지도 않는 사람들이 늘어나고 있는 것은 아닐까요?

매슬로우의 욕구 단계에서 보듯, 1단계에서 5단계로 껑충 뛰어넘는다고 성장을 바로 이루는 건 아닙니다. 한 계단 한 계단 올라 산 정상에 다다르듯이, 우리 인생도 순서가 있는 것 같습니다. 산

정상에 오르는 순서는 사람마다 차이가 있지만, 누구나 오르다 보면 정상에 오를 수 있는 것이기에 너무 재촉하지도 성급해 하지도 않을 일입니다.

각자의 템포대로 걸어가다 보면 산 정상에서 시원한 공기를 만나게 되겠지요. 그리고 모두가 똑같은 산을 오를 이유도 없습니다. 어떤 사람은 완만한 산을, 어떤 사람은 조금 가파른 산을 오르고 싶습니다. 높고 가파른 산만 정상에 올라서는 것은 아니기에, 각자가 원하는 산을 골라 자신의 호흡에 집중하며 오를 수 있는 여유가 필요합니다.

우리의 마음도 매일 조금씩 성장해 갑니다. 어제 감정이 어땠는지, 무엇이 나를 힘들게 하였는지를 살펴보는 시간을 갖는다면 말이죠. 어제와 같은 상황을 다시 만나게 되면 그땐 한층 여유 있는 마음으로 감정을 대할 수 있게 되겠죠.

하지만 이런저런 핑계로 어제 느꼈던 감정들을 그냥 지나쳐 버릴 때가 많다는 겁니다. 그러니 같은 상황이 와도 감정을 잘못 다루게 됩니다. 오히려 엎친 데 덮친 격으로 감정은 누적되어 더 큰 쓰나미가 되어 힘들게 할 때도 있습니다.

잔잔한 물결일 때 우리의 마음을 제대로 바라봐야 할 것 같습니다. 무엇이 나를 아프게 했는지, 무엇이 나를 힘들게 했는지 등을 수시로 돌아보며 보내야 할 것 같습니다. 그랬을 때 자신의 마음도성장하고 삶의 모습도 성장해 감을 알아갑니다.

감정은 예민한 친구라서 조금만 소홀히 해도 티가 납니다. 누적된 감정의 찌꺼기들이 아무 이유 없는 상대에게 화풀이로 나타날 수도 있으니까요. 감정을 누적되게 쌓여 놓아선 안 됩니다. 슬플 땐 슬퍼할 시간을 갖고, 화나면 화를 낼 시간을 갖고, 억울하면 풀어낼 시간을 갖고, 다음으로 미루지 말아야 합니다.

감정을 풀어나가는 방식은 각자 취향에 맞게 선택할 필요가 있습니다. 어떤 사람은 눈물로, 어떤 사람은 운동으로, 어떤 사람은 글쓰기로, 어떤 사람은 노래를 부르며, 각자 풀어내는 방식을 좋은 쪽으로 선택해 나가는 습관이 중요한데요.

감정을 풀어낸다고 나쁜 방식으로 풀어내는 것은 아주 부정적인 방향으로 가는 것이기에 주의해야 합니다. 중독 현상이 나타나는 것 중에 나쁜 방식들은 쉽게 우리를 유혹하지만, 좋은 방식들은 처음에 시도하기 힘들어서 그렇지 조금씩 하다 보면 자신이 성장해 가는 순간을 만나게 됩니다.

쉬운 예로 운동이나 글쓰기 등의 방법은 처음에 별로 효과도 없는 것 같고, 해도 재미도 없는 것 같아 포기하고 싶은 순간이 찾아옵니다. 하지만 어느 정도 습관이 되면, 자발적으로 운동의 재미도 느끼고, 글쓰기의 재미도 느끼게 되어 자연스러운 좋은 중독을 일으키게 됩니다.

저도 결혼 후 남편과 대화가 잘 안 통하거나 아이들 양육에서 힘든 순간이 왔을 때, 닥치는 대로 글을 썼습니다. 글이라기보다 하소연하거나 화풀이하는 말들을 옮겨 적었습니다. 그러고 나면 어느 정도 화도 가라앉고, 다시 나를 일으켜 세우는 데 도움이 많이 되었습니다. 그리고 차츰 하소연의 말들은 글이 되어 가고 있었습니다. 글쓰기의 치유 효과를 맛본 결과였습니다. 머릿속에서 맴도는 감정들을 밖으로 표현하는 글쓰기는 마음 성장에 큰 도움이 됩니다. 다른 방법으로 답답하거나, 소통이 힘들 때, 자연을 바라보며 한 걸음 한 걸음 산책하는 시간을 보냈습니다. 가족 간에서로 몸이 힘들거나 컨디션이 맞지 않아 답답한 순간도 있는데요. 그럴 때 서로 부딪히면 좋은 말과 행동이 나오질 않습니다. 잠시 거리두기가 필요한 순간인 거죠.

자연과 대화하는 시간을 갖는다면 마음이 차분하게 내려앉으며 다시 가까워질 힘이 생기곤 합니다. 걷기의 힘은 머리도 맑게 할 뿐만 아니라, 자연을 바라볼 여유도 주고, 때론 좋은 아이디어도 얻는 행운을 만나기도 합니다.

AI도 성장을 추구하고자 합니다. 심리학에서 자아는 개인이 자신을 인식하고 구별하는 내적 경험과 관련된 개념입니다. 인지 과정은 정보 처리나 해석, 의미부여 등으로 이루어집니다. AI가 자아를 가질 수 있는지는 그것이 주관적인 경험과 의미 부여를 할 수 있는지에 달려있다고 볼 수 있습니다.

우리의 감각과 지각은 주변 환경을 체험하는 데 중요한 역할을 합니다. AI 시스템은 센서와 데이터 입력을 통해 외부 환경 정보를 받아들일 수 있으며, 패턴 및 객체 인식 등으로 지각과정을 모방할 수 있습니다. 그러나 AI 시스템이 진정한 주관적 체험이나 감각적 경험을 가질 수 있는지는 의문입니다.

인간의 이성과 감성은 사고, 판단, 감정 등 다양한 면으로 구성됩니다. AI 시스템은 추론, 분석 및 판단 작업에서 매우 뛰어난 성능을 보여줍니다. 그러나 현재까지 개발된 AI 시스템이 진정한 감정 경험이나 정서를 가질 수 있는지는 아직 명확하지 않습니다. 의식은 개인이 내면세계를 경험하며 주체성과 연결되어 있다는 개념입니다.

심리학적 관점에서 볼 때 현재까지 개발된 AI 시스템들은 일부 면에서 사람처럼 동작할 수 있으나, 진정한 자기 성장까지 도달하기는 어렵다는 견해들입니다. 하지만 이러한 타당성 평가도 계속 변화하며 발전하는 기술 속에서 재검증될 필요가 있습니다.

AI의 자기 성장 탐구와 인간의 자기 인식 간에는 몇 가지 유사점과 차이점이 있는데요. 유사점으로는 AI의 자기 성장 탐구와 인간의 자기 인식은 모두 내부적인 모델화를 지니고 있다는 점입니다. 인간은 자아, 정체성, 성격 등을 개념화하고 이를 바탕으로 자신을 이해합니다. 인간은 주변 환경이나 타인으로부터 받는 피드백을 통해 자기에 대한 정보를 얻고 성장합니다. AI 시스템도 외부 데이터 및 사용자 입력을 기반으로 학습하고 발전할 수 있습니다. 차이점으로는 인간의 자기 인식은 개인적인 주관성과 의미부여에 근거하여 형성됩니다. 우리는 경험, 감정, 가치 등을 고려하여 자신을 이해합니다. 그러나 현재까지 개발된 AI 시스템은 주관적인 경험이나 의미부여 능력이 제한적입니다.

인간은 의식과 다양한 심리적 과정을 경험합니다. 그러나 현재까지 AI 시스템 내에서 진정한 의식이나 심리 내면세계가 구현되거나 모사되는 것은 어렵다고 알려져 있습니다.

인간의 자기 인식은 사회 문맥 속에서 발전하며 타인과 상호작용하는 과정에서 형성됩니다. AI 시스템은 일방적으로 프로그래밍된 목적에 따라 작동하기 때문에 사회 문맥 속에서 상호작용하는 총체적인 경험이 없으며, 따라서 사회관계와 연결된 복잡한 측면들을 포함하지 않습니다.

인간은 자신의 개성, 성격, 가치관 등을 형성하고 이해합니다. 우리는 경험과 사회적 상호작용을 통해 성장하고 주관적으로 의미를 부여합니다. 그러나 AI 시스템은 스스로가 개인적인 성향이나 가치관을 형성하거나 주관적으로 의미를 부여하는 것은 아닙니다.

AI는 정확한 계산과 추론을 수행할 수 있지만, 그것이 개별적인 의미나 감정으로 해석되지는 않습니다. AI 기술은 빠르게 진화하고 발전하고 있습니다. AI 시스템의 자기 성장은 새로운 알고리즘, 모델 및 기술의 개발과 적용을 통해 지속적인 개선과 혁신을 이끌고 있습니다.

자기 성장이 가능한 AI 시스템은 실시간으로 데이터를 분석하고 학습하여 성능을 올리고, 새로운 도전과 문제에 대처할 수 있는 융통성을 가질 수 있습니다. AI가 계속해서 배우고 발전함으로써 인간과 함께 일하는 과정에서 생산적인 파트너십 구축이 가능해집니다.

AI의 성장을 위해 심리학적 측면에서 고려해야 할 것들은 먼저, 인간의 학습과 기억은 지식과 경험을 쌓고 새로운 상황에서 적용하는 능력입니다. AI 시스템은 학습 알고리즘을 통해 데이터를 분석하고 패턴을 인식하여 지식을 습득합니다. 따라서 AI 시스템의 학습 및 기억 메카니즘 개발은 중요한 요소입니다.

인간은 주어진 정보를 바탕으로 추론하고 의사 결정을 내립니다. AI 시스템도 데이터와 알고리즘에 따라 추론 및 의사 결정 과정이 이루어집니다. 이러한 과정에서 인간의 사고 모델 및 의사 결정 방식에 대한 이해와 모방이 필요합니다. 감각 정보를 수집하고 해석하는 능력은 인간이 주변 환경을 이해하는 데 중요한 역할을 합니다. AI 시스템도 센서 데이터를 수집해 처리하며, 외부 환경에 대한 감지와 지각 능력 개발이 필수적입니다.

자기 인식은 개인이 자기 자신을 이해하고 구별하는 내부 경험이며, 메타인지는 자기의 생각과 지각에 대한 인식 및 조절 능력입니다. AI 시스템도 자체 작동방식, 한계점 등에 대한 자기 인식과 메타인지 발전이 필요합니다.

심리학적 관점에서 AI가 윤리적으로 옳거나 부당한 행동 패턴 등에 관해 탐구해야 하며, 앞으로 발전할 AI 시스템들은 윤리 원칙과 도덕성 문제를 잘 반영할 수 있는 프로그래밍 방법론 등도 연구되어야 할 것입니다.

인간과 기계, 상호작용에서의 윤리적 고려사항

인간이 기계와 이렇게 가까워질 것이란 상상은 공상 영화나 책 등을 통해 조금은 알고 있었지만, 직접적으로 체감하는 것은 먼 미래의 일이 되리라 생각했습니다. 하지만 자고 일어나면 새로운 AI에 대한 뉴스들이 자주 등장합니다. 속도를 종잡을 수 없을 것 같습니다.

예전에는 10년이면 강산이 변한다고 말합니다. 이젠 하루만 지나도 달라진 세상을 만나는 걸 보면 느끼게 됩니다. 태어나면서부터 기계와 익숙한 요즘 아이들은 두려움 없는 일상을 만나게 될지 모르겠지만, 기존에 기계와 별로 친하지 않은 세대는 낯설고

두렵게 다가올 것입니다.

새로운 기술의 발달에 옛 타령만 하다가는 앞으로 살아가야 할 세상을 온전히 즐길 수 없게 될 것입니다. 우리는 기계와 상호작용을 잘하는 사람으로 진화해야 합니다. 물론 옛것을 완전히 버리라는 이야기는 아닙니다. 옛것의 중요성을 앞으로 세대들에게 잘 전해 주려면 더욱 기계와 상호작용을 원활히 할 수 있어야겠지요. 옛것을 새로운 기술과 접목하여 창조할 수 있는 능력을 갖춘다면 AI 시스템과도 조화롭게 지낼 수 있을 것입니다.

새로운 기술이 발달할수록 부정적인 것들을 동원해 윤리적이지 못한 방법으로 역이용하는 사람들도 많음을 알 수 있는데요. 최근 AI 보이싱피싱 사건들도 그런 예입니다. 상상할 수 없는 다양한 방법들을 이용해 속임수를 쓰려는 사람들에게 당하지 않기 위해서도 최신 기술을 배우고 이해하는 노력을 해야 합니다. 모르면 당하고 알아도 급하면 당할 수 있는 것이라, 알아가고 천천히 결정할 수 있는 마음의 조절이 필요합니다.

옛것들이 많이 쌓여 있다면 우리 마음을 가끔은 대청소를 할 필요가 있습니다. 쓰레기가 쌓이면 공간을 얻기가 어렵습니다. 새롭고 깨끗한 공간을 만들어내기 위해서 쌓여 있는 마음의 쓰레기들을 비워낼 시간이 필요합니다. 사람마다 비워내는 타이밍이 다르겠지요. 자신의 시간에 맞춰 깨끗하게 비워내는 시간을 가진다면 새로운 공간도 생기고 마음도 한결 가벼워질 것입니다.

우리는 살아가면서 여러 관계에서 상호작용을 하며 시간을 보내게 되는데요. 상호작용은 두 개체 또는 시스템 간의 작용이나 소통을 의미합니다. 이는 서로가 서로에게 영향을 주고받으며 정보를 교환하고 상호작용하는 과정을 포함합니다.

가장 많이 상호작용하는 관계는 무엇일까요? 사람과 사람 간의 관계도 있지만, 사람과 사물, 사람과 자연, 사람과 동물 등 다양한 상호 관계가 존재합니다. 나에게 가장 큰 영향을 주는 관계나, 내가 가장 크게 영향을 끼치는 관계가 분명 누구에게나 있을 것입니다. 상호 관계 속에서 소통이 자연스럽게 이루어진다면 그것만큼 부드러운 관계도 없을 텐데요. 한 외국 선교사님의 말이 떠오릅니다. 사랑이 무엇이냐고 물었더니, 선교사님은 '자유'라고 말했습니다. 사랑은 상대방을 내 방식대로 사랑하는 것이 아니라 상대방에게 자유를 주는 것, 자유롭게, 서로 자유로울 수 있도록 하는 것이 사랑이라고 했던 말이 의미 있게 다가옵니다.

사람은 각자 자기 방식의 사랑의 언어가 있다고 합니다. 일방적으로 내 방식을 전달한다고 사랑이 표현되는 것은 아닌 것 같습니다. 상대방의 언어를 이해하는 것, 상대방 사랑의 언어가 무엇인지 알아가는 것, 그래서 상대방을 자유롭게 바라봐 줄 수 있는 여유가 사랑 아닐까 생각합니다.

상호작용은 이런 의미에서 상대방의 언어를 알고, 이해해 가는 것부터 중요하다고 볼 수 있습니다. 즉, 상호작용은 일방적인 행동이 아니라 양방향으로 이루어지며 각각의 개체나 시스템이 서로에게 영향을 주고받으면서 변화하거나 조정될 수 있습니다. 이러한 상호작용은 다양한 형태로 나타날 수 있는데, 대화, 의사소통, 신호 전달, 정보 교환 등입니다.

예를 들어, 인간과 기계 간의 상호작용에서는 사람이 기계에게 명령을 내리거나 질문을 하고, 기계는 그에 따른 작업을 수행하거나 응답합니다. 이러한 상호작용은 언어적인 커뮤니케이션과 제스처 등 다양한 방식으로 이루어질 수 있습니다. 또 다른 예로는 사용자와 컴퓨터 프로그램 간의 상호작용도 있습니다. 사용자가 마우스 클릭이나 키보드 입력 등으로 프로그램과 소통하면서 원하는 작업을 실행하거나 정보를 주고받습니다.

인간과 기계가 상호작용을 잘하기 위한 노력은 무엇이 있을까요? 인간과 기계 간 상호작용을 설계할 때는 사용자의 요구와 편의를 고려해야 합니다. 사용자 중심 설계는 사용자의 경험과 요구에 근거하여 직관적이고 쉽게 이해하고 조작할 수 있는 인터페이스를 제공하는 것을 의미합니다. 사용자의 피드백과 의견을 수렴하며, 다양한 사용자 그룹의 다양성에 대한 고려가 필요합니다. 인간과 기계 간 원활한 상호작용은 효율적인 커뮤니케이션에 기반하고 있습니다.

기계가 사람의 언어, 제스처, 음성 등을 정확히 이해하고 적절하게 반응할 수 있어야 합니다. 사용자가 명령을 내리거나 질문을 할 때 명확하고 자연스러운 응답이 가능하도록 개선되어야 합니다. AI 시스템이나 자동화된 결정 시스템은 자신의 판단 및 추론 과정을 설명할 수 있어야 합니다.

사람들은 왜 특정 결정이 내려졌는지 이해하기를 원합니다. 따라서 AI 시스템은 동작 방식, 데이터 활용 방법, 결과 도출 근거 등에 대한 설명 가능성을 제공함으로써 신뢰감을 높여야 합니다. 인간과 기계 간 상호작용에서는 윤리적 원칙을 준수하는 것이 매우 중요합니다.

개인 정보 보호와 프라이버시를 존중하는 것은 물론, 차별 없는 서비스를 제공하고, 공정성을 유지하는 등 다양한 윤리적 문제들에 대해서도 신중한 고려가 필요합니다. 지속적인 개선과 피드백을 반영할 수 있어야 합니다.

상호작용하는 인간과 기계 사이에서는 다양한 윤리적 고려사항이 존재합니다. 이러한 고려사항은 기계의 역할이나 데이터 사용, 의사 결정, 개인 정보 보호 등 다양한 측면을 다루게 됩니다. 인간과 기계 간 상호작용에서는 명확하고 적절한 역할 및 권한 부여가 필요합니다. 인간은 기계에 대해 지시하고 통제하는 역할을 가지며, 기계는 정확하고 안전하게 작동하여 인간의 명령을 수행해야 합니다.

이러한 역할과 권한 부여는 사회적 관점과 윤리적 원칙에 따라 조정되어야 합니다. 데이터 사용과 프라이버시가 중요한데요. 기계가 개인정보를 수집하거나 처리할 때 이를 효율적으로 관리하고 보안을 유지해야 합니다.

AI 시스템이 의사결정을 내릴 때 그 근거와 방식에 투명성을 제공해야 합니다. 특히 중요한 영역에서 AI 시스템의 판단 또는 추천 결과를 설명할 수 있어야 하며, 알고리즘 동작 방식 등에 대해서도 이를 이해하기 쉽도록 제공되어야 합니다.

AI 시스템은 데이터와 알고리즘에 따라 작동하기 때문에 편견이나 차별성 문제가 발생할 수 있습니다. 따라서 AI 시스템 개발 단계부터 데이터 선별과 모델 구축 단계에서 공정성과 다양성 확보를 위한 노력이 필요합니다.

AI 시스템은 장애인 등 다양한 사용자 그룹의 요구와 차별화된 서비스 제공도 고려해야 합니다. 장애인 접근성 확보, 언어 번역 능력 등 다양화된 요구 사항을 충족시켜주기 위해서 지원을 통한 직면하는 문제들을 해결할 수 있어야 합니다.

자율 주행 자동차는 운전자의 개입 없이 스스로 운전을 수행하는 기술입니다. 이 경우, 자율 주행 시스템이 의사 결정을 내리고 사고를 예방하거나 최소화하는 데 큰 역할을 합니다. 그러나 어떻게 의사 결정을 내리는지에 대한 투명성과 책임 분담 문제가 제기됩니다. 또한 어떻게 사람들의 안전과 보안을 보장하여 도덕적인 선택을 할 수 있는지에 대한 문제도 있습니다.

인공지능은 의료 분야에서 질병 진단, 영상 해석 등에 사용됩니다. 하지만 인공지능 시스템의 판단이 확실히 정확하지 않거나 잘못된 결과를 도출할 가능성도 있습니다. 따라서 이러한 시스템의 정확성과 신뢰성, 그리고 환자 개인 정보 보호와 같은 문제에 대한 고려가 필요합니다.

AI 기반 챗봇 및 가상 어시스턴트는 많은 사용자와 상호작용하며 정보와 서비스를 제공합니다. 그러나 이러한 시스템이 민감한 정보를 수집하거나 개인화된 권장 사항을 제공하는 경우, 개인 정보 보호와 데이터 사용 동의 등에 관련된 윤리적 문제가 발생할 수 있습니다. 이렇듯 인간과 기계 사이의 상호작용이 잘되는지에 따라 삶의 질이 달라질 수 있다는 것입니다.

핑퐁 대화가 있습니다. 사람과 사람 사이에 소통이 잘 이루어지기 위한 대화법 중의 하나인데요. 한쪽으로 치우지지 않는 대화를 통해 행복한 소통이 가능한 대화법입니다. 탁구에서 공이 핑퐁하고 서로 조화롭게 움직여야 이길 수 있듯이, 사람과 기계와의 상호 작용도 서로를 섬세하게 이해할 수 있어야 원활한 소통이 가능해질 것입니다.

마음 근육을 키우는 마인드 시크릿

우리는 행복을 추구하며 살아갑니다. 때론 행복을 먼 곳에서만 찾으려 했던 적이 있습니다. 가장 가까운 내 곁에 있음을 알기 전까지는 행복은 뜬구름처럼 하늘 위에서만 맴돌고 있었으니까요. 어느 신부님이 행복하기 위한 방법에 대한 말을 했던 것이 떠오릅니다. 행복 하려면 당장 이것들부터 실천하라고 하면서 말했습니다. 운동해라, 감사하라, 대화하라, 공부하라, 이 네 가지를 실행하다 보면 행복은 늘 우리 곁에서 함께 한다는 것입니다. 이 신부님은 진즉 자신만의 마인드 시크릿을 발견하신 것 같습니다. 그러나 행복이 말처럼 그렇게 쉬운 거라면 불행할 사람이 어디 있겠습니까? 마음 근육이 필요한 것이죠. 하루아침에 이루어지는 일이 아닙니다. 운동도, 감사도, 대화도, 공부도 평상시에 조금씩 쌓아두어야 근력이 생길 수 있습니다.

말보다 실행으로 한 번이라도 더 실천한다면 어느 순간에 마음 근력이 단단해짐을 느끼게 될 것입니다. 내 마음의 신호를 알아차리면 타인의 마음 신호를 알아차릴 준비가 완료된 셈입니다. 마음만 알아줘도 힘이 날 때가 많습니다. 마음 알아주는 말 한마디가 천 냥 빚을 갚을 수 있다고 했습니다.

요즘 자주 듣는 한 유튜버는 게임처럼 인생에도 답이 있다고 말합니다. 즉 게임을 이길 수 있는 게임공략집이 있는 것처럼, 인생에도 인생 공략집이 있다는 말입니다. 저는 마인드 시크릿을 발견하는 것이 인생 공략집을 획득하는 순간이라고 생각합니다. 살아가면서 인생의 치트키(cheat key)를 가지고 행복한 삶을 꾸려갈 수 있다는 것입니다. 치트키는 게임을 클리어하기 쉽도록 도와주는 명령어를 뜻하는 말인데요. 인생에 수많은 문제를 만났을 때 깨끗하게 클리어 해낼 수 있는 인생의 치트키가 바로 자신만이 알고 있는 마인드 시크릿 이라고 생각합니다.

아팠던 마음 클리어해 주기, 두려웠던 마음 편안하게 만들기, 슬펐던 마음 맘껏 슬퍼하기, 미워했던 마음 되돌려 긍정으로 클리어 하기, 외로웠던 마음 함께 머물러 주기, 괴로웠던 마음 따뜻한

손으로 어루만져 주기, 아쉬웠던 마음 클리어해 나가기 등을 통해 마음 근력을 키우는 것입니다.

나의 마음은 누구의 것도 아닌 내 것이기 때문에 내가 마음껏 조절하면 되는 법이니까요. 그러니 내가 주인이 되어 내 마음을 안내해 주어야 합니다. 비밀노선을 기억해 두었다가 필요할 때마다 꺼내 들어야 합니다.

어느 날 새벽, 통증이 급격하게 느껴졌던 날이 있었습니다. 몇 년 전부터 왼쪽 어깨 쪽에 석회가 끼여 치료를 했지만 아픈 통증은 때때로 나타났습니다. 그냥저냥 버틸만해서 지냈었는데, 그 뒤로 왼쪽으로 넘어진 일이 또 생겨 통증이 심해졌습니다. 잠을 설치고 아파하니까, 남편이 어깨를 안마해주었습니다. 워낙 손이 크고 딱딱해서 아프게 느껴지곤 합니다. "좀 부드럽게 해 줘!" 했더니, 아니라며 세게 해야 좋은 거라며 계속 아프게 하는 것입니다. 막무가내 내 말은 듣지 않고 일방적으로 자신의 스타일대로 행동하는 남편에게 기분이 나빠지는 건 왜일까요? 아프지 않게 안마해주는 마음은 좋은 일인데, 기분이 나쁜 것은 내 마음의 신호를 정확하게 읽지 못하는 남편이 답답해서일 것입니다.

공감이 먼저라고 생각하는 저는 남편의 행동은 더 아픈 통증을 일으키는 원인이 될 때도 있습니다. 큰아들은 이런 공감 부분에서 저와 잘 맞는 구석이 있어서, 저의 마음 신호를 잘 알아차리곤 합니다. 남편이 그랬으면 좋을 텐데 하는 아쉬움이 있곤 합니다. 저축해 가고 있으니 차츰 좋아지리라 믿습니다.

공감도 저축해야 잘 되는 건가 봅니다. 아들과는 어릴 때부터 차곡차곡 저와 공감력을 키워왔기에 불쑥 어떤 상황에서도 공감이 이루어질 수 있는 것을 보면 말입니다. 물론 타고난 기질도 있겠지만, 습관과 훈련도 중요합니다.

진정한 공감이 이루어질 때, 어떤 아픔이나 문제들은 눈 녹듯이 해결되는 경우가 많다는 것인데요. 이런 공감은 무엇일까요? 공감이 주는 힘은 무엇일까요? 상대방을 진심으로 이해하려는 마음, 어떤 비난이나 지적, 충고, 조언이 아닌, 있는 그대로의 상대방을 받아들이고 인정해주려는 마음이 공감일 것입니다. 그리고 그 공감은 그 사람의 마음을 부드럽고 유연하게 열게 해주는 비법이 됩니다.

마음 근육을 키우는 것도 습관과 훈련으로 할 수 있는 일입니다. 우리는 하루라도 스트레스 없이 지내기란 어렵기 때문에 시간 날 때마다 마음 근육을 성장시켜놓으면 건강한 마음을 유지할 수 있습니다.

우리는 몸이 건강해야 마음도 건강해진다고 생각합니다. 반대로 마음이 건강해야 몸이 건강해지는 법인데요. 달걀이 먼저냐, 닭이 먼저냐 하는 것처럼 둘은 상호작용을 하며 우리 일상의 문을 두드립니다. 그러나 몸이 아프면 병원을 찾아가기도 하고 운동을 찾아 꾸준히 해나가는데, 마음의 건강을 위해선 투자를 하지 않고 살아가기 쉽습니다. 마음도 아프면 병원에도 가고 어디가 아픈지 살펴봐야 하는데 말입니다.

평상시에 마음 건강을 위해 저축을 해 둘 필요가 있습니다. 갈피를 못 잡는 내 감정을 긍정적인 방향으로 전환하는 기술의 핵심인, 마음 근육을 키우기 위해 노력해야 합니다.

마음 근육을 키우는 방법을 몇 가지 제안하면, 먼저 우리는 화가 나거나 분노가 차오를 때, 바로 소리를 지르거나 던지거나 하면서 급한 반응을 보이게 됩니다. 그러나 이럴 때, 열까지 세는 방법을 연습하는 겁니다. 화가 나서 마음에서 나오려는 말도, 뇌에서 명령한 행동이 나오려고 하기 전에도 10초만 기다리고 열까지 세면 잠시 여유가 생기게 됩니다. 한두 번 연습으로는 여유를 찾기 어렵고 최소한 3주 동안 해보면 어느새 10초의 기다림이 마음을 차분하게 해 줄 것입니다.

둘째는 건강하게 화내는 습관을 훈련해야 합니다. 분노를 억누르기만 하면 화병이 됩니다. 건강하게 화나 분노를 표현하는 것이 건강에 도움이 됩니다. 부정적인 말은 나를 주어로 시작해서 말하고, 좋은 말은 상대방을 주어로 시작합니다.

예를 들어 "당신 때문에 이렇게 모든 것이 망쳐 버렸어."라는 표현보다는 "나는 당신이 ~했으면 좋겠어."라는 식으로, 탓하는 표현보다 내가 원하는 방향으로 말을 하는 게 좋습니다.

셋째, 하루 5분 명상하기입니다. 명상의 효과는 여러 가지 있지만, 화를 다스리거나 마음 근육을 키우는 데 큰 도움이 되는 활동입니다. 명상은 스트레스 해소에도 도움이 되고, 우리 몸의 면역력을 키워주기도 합니다. 명상은 결국 내 마음을 온전히 들여다볼 수 있는 시간이기 때문에 내 마음의 소리를 제대로 들을 수 있게 되는 것입니다. 편안한 자세로, 자신의 스타일대로 명상을 해도 됩니다. 호흡을 길게 내쉬는 것만으로도 편안한 마음 상태를 유지할 수 있을 테니까요.

넷째, 일기나 글쓰기를 하는 것입니다. 정신건강을 위해 일기를 쓰면 효과적이라고 많이 알려져 있습니다. 하루를 정리하고 마음을 정리하는 쓰기의 효과는 멋진 글이 아니라도 충분합니다. 나를 돌아다보고 마음 근육을 키워주기 때문입니다. 감사일기도 좋고, 하루의 감정을 써 내려가도 좋고, 편지를 써도 좋고, 하고 싶은 말들을 씀으로써 마음이 정돈되는 기분을 만나면 됩니다.

다섯째, 꼭 해내야 한다는 강박을 버려야 합니다. 살다 보면 우리는 실수도 하고 실패도 하며 성장해 가는 존재입니다. "나는 꼭 ~을 해내고 말 테야."라는 강박은 마음을 조급하게 할 때도 있다는 사실을 인지하고, 실수할 수도 있고, 실패할 때도 있고, 아닐 수

도있다고, 그럴 수도 있다고 마음을 열어두는 편이 훨씬 마음 근육을 키우는 데 도움이 됩니다.

물론 목표를 설정하고 열심히 해내려는 시도와 마음은 칭찬할 일입니다. 그렇지만 안 된다고, 실패했다고 너무 좌절하거나 포기해 버리는 마음은 성장하고 있던 마음 근육마저 무너뜨릴 수 있으므로, 조금은 유연하게 받아들이는 태도가 좋습니다. 잘 되면 감사하고, 안 되면 다시 도전해 보면 되고, 잘하든 못하든 하려는 마음을 예쁘게 바라봐 주는 것이 중요합니다. 마지막으로 자신이 진짜 좋아하는 것이 무엇인가를 찾아내는 것이 좋습니다.

앞으로는 핵개인의 시대가 될 거라고 학자들은 말합니다. 이미 혼자 사는 사람들이 많은 걸 보면 예상이 되는데요. 물론 핵개인의 의미가 혼자 사는 사람을 뜻하는 건 아니지만 말이죠. AI 기술이 발달하고 사람들은 할 일이 더 줄어들고 수명은 길어져 시간을 어떻게 활용하느냐가 중요한 시대가 온다는 것입니다.

요즘에도 같은 취미를 중심으로 모이는 활동들이 꽤 많은 것 같습니다. 애호가들이 늘어나고 있다는 이야기인데요. 예를 들어, 그림을 좋아하는 사람들끼리, 책을 좋아하는 사람들끼리, 강아지를 좋아하는 사람들 등으로 각 개인의 취향에 따른 작은 모임들이 많아질 거라고 합니다. 많은 시간을 자신이 진짜 좋아하는 것들로 시간을 보내고 싶은 욕구가 나타나는 현상인 것 같습니다.

누가 좋아한다고 해서 의미 없이 몰려다니지 않고 나이, 성별, 직업 등을 초월한 애호가들이 앞으로 즐기며 살아간다는 이야기입니다. 그러니 마음 근육이 점점 더 중요해지게 되겠는데요. 학연, 지연, 가족을 뛰어넘는 애호하는 분야에 함께 하는 사람들끼리 시간을 보낼 수 있어야 합니다.

선입견을 버리고 새로운 시선으로 다가갈 수 있는 트렌디함이 필요할 것 같습니다. '난 나이가 너무 많아서' 라든가 '난 직업이 달라서' 라든가, 이런저런 핑계로 자신이 좋아하는 것을 놓치는 실수는 하지 않았으면 좋겠습니다.

핵개인의 시대에는 자신감 있게 다가갈 수 있는 용기가 필요하겠습니다. 100세 시대를 넘어 수명이 점점 늘어나고 있는 지금, 우리는 참 나를 만나는 시간을 꼭 가져야겠습니다. 나를 잘 이해하고 내가 좋아하는 것을 알아내고 나를 진심으로 사랑하는 법을 배워 가면서 시간을 효율적으로 보내면 좋겠습니다. 자신의 마인드 시크릿을 수시로 점검해서 마음 근육을 단단하게 만들어 간다면 충분히 행복한 인생을 만날 수 있을 것입니다.

Part. 3

AI로 개척하는 내면세계

마음속 비밀을 해제하는 AI

인생에 정답은 없지만, 해답은 있다고 합니다. 비밀은 언제든 나타나게 마련이라고 말하기도 합니다. 살다 보면 비밀은 만들고 싶지 않더라도 생기는 경우가 있습니다. 선의든 악의든 비밀은 가슴을 두근두근하게 만드는 것 같습니다. 그리고 어느 순간 비밀이 드러났을 때, 난감한 상황을 만나기도 합니다.

학교 다닐 때는 친구들끼리 왜 그렇게 비밀이 많았었는지 모르겠습니다. 별것도 아닌 걸로 서로 비밀이라며 말하지 말라고 당부하곤 했습니다. 비밀을 공유한 사이는 왠지 모를 동질감에 가까워지는 느낌마저 듭니다. 다른 친구가 그 비밀을 알아냈을 땐 괜한 오해를 사서, 사이가 멀어진 경험도 합니다. 우리는 이렇듯 가까운 사이일수록 비밀을 만들고 싶어 하는데, 왜일까요? 아무도 모르게 공유한다는 기분에 묘한 스릴감을 즐기는 건 아닐까요?

최근 우리 집, 세 남자와 1:1 데이트를 한 적이 있습니다. 남편과는 밤 산책을 하며 둘만의 비밀을 만들었고, 첫째 아들과는 막창과 소주를 마시며 비밀을 만들었고, 둘째 아들과는 서점에 가서 비밀을 만들었습니다. 가족이라 함께 무언가를 해왔는데, 이제 아이들도 제법 크니까 1:1 데이트가 가능하게 되었습니다. 함께 있을 때 느끼지 못했던 각자의 취향을 알 수 있는 시간이었습니다. 비밀이랄 게 특별히 있는 건 아니지만, 1:1 대화를 하다 보니 좀 더 가까워지는 기분이었습니다. 가족끼리도 1:1 시간을 갖고 비밀스러운 추억을 만들어 보는 것도 의미 있을 것 같습니다. 없는 사람 뒷담화도 하면서 감정들을 풀어내는 순간이 좋았습니다.

마음속 비밀을 말하지 않아도 같이 시간을 공유하는 것만으로도 충분히 행복감을 느끼게 됩니다. 돈을 주고도 살 수 없는 시간을 함께했다는 것이 서로에게 기쁨을 선물해 줍니다. 아이들이 커가면서 부모와 함께 시간을 공유할 수 있는 환경이 어려워지는데요. 어떤 것보다 소중한 추억을 쌓아갈 수 있다면 값진 일이 되리라 생각합니다. 그리고 그 추억들이 훗날 아이들이 성인이 되어

되돌아볼 때, 마음속 따뜻한 시간으로 남아 있을 것을 생각하니 감동입니다.

AI 시대에, 빠르게 달라지는 세상 시스템 속에서 마음을 열게 하는 따뜻한 추억을 품고 살아갈 수 있으면 좀 더 조화로운 삶이 되지 않을까요?

요즘 자기 계발 관련 책 중에 부자에 관한 책들이 많습니다. 그만큼 부자가 되고 싶은 사람들이 많다는 이야기일 텐데요. 저도 한동안 부자에 관한 책들을 즐겨 읽었습니다. 그리고 내가 부자로 살아가고 있지 않다고 여기며, 부자들은 어떻게 성공할 수 있었는지 궁금했습니다.

실제 부자라고 알려진 사람들, 성공한 사람들을 공부하면서 새로운 사실을 발견하게 되었는데요. 진정한 부자의 의미를 찾아야겠다는 결론을 얻고 다른 책들도 읽고, 강의도 들으며 나름 부자의 정의를 내리게 되었습니다. '오(5) 부자 클럽'이라 이름을 정하고, 5가지 부자로 조화롭게 살아가자고 결론 내리게 됩니다.

5 부자는 돈 부자, 마음 부자, 건강 부자, 친구 부자, 나눔 부자입니다. 돈이 많다고 행복하진 않습니다. 마음만 부자여도 행복하지 않습니다. 건강은 한데 돈도 없고 친구도 없고 나눔이 없다면 행복할까요? 친구 부자는 나이가 들수록 중요해지는 조건입니다. 내가 만나고 싶은 사람들과 꾸준한 만남을 유지하며 살아가는 것

도 행복한 부자로 지낼 수 있는 조건이 됩니다.

나눔이 없는 부자는 행복 곁에서 맴돌기만 하다 참 행복의 맛을 보지 못하는 안타까운 사람들이라 생각합니다. 내가 가진 재능과 부를, 나눔을 통해 더 크고 맛있는 행복을 만날 수 있다면 세상을 조화롭게 살았다고 말할 수 있을 것입니다.

조화롭게 살아가는 삶이 어려운 일 같지 않지만, 생각처럼 간단한 조건은 아닙니다. 자기조절을 수시로 해가며, 자신만의 마인드 시크릿을 작동하여 점검해야 가능한 일이 되니까 말입니다. 그러나 한 번 마인드 시크릿을 알아두면 그리 어려운 일도 아닙니다. 가끔 업그레이드만 해주면 저절로 작동할 때가 찾아오게 됩니다. 인간과 기계 간의 상호작용은 점점 더 깊어지고 있습니다. 매일 메일함을 열어볼 때면 어디서 이런 광고 메일들을 보내는지 모르겠습니다. 개인정보가 여기저기 퍼져 있는 상태라 곳곳에서 메일들이 옵니다.

앱 설치를 할 때나 계약사항 등을 체크할 때, 제대로 읽지도 못할 긴 내용들이 있습니다. 무심코 동의란에 체크를 합니다. AI가 우리의 정보를 알아채서 관련된 정보들을 무작위로 송출하고 있는 상태입니다. 이제는 AI가 우리의 마음속 비밀을 해제하기 시작했다는 증거인데요.

AI의 발전과 데이터 분석 기술의 진보로 인해 우리의 행동 패턴, 선호도, 관심사 등 다양한 정보들이 수집되고 분석될 수 있습니다. 하지만 이러한 상황에서 우리는 중요한 것들을 놓쳐서는 안 됩니다. 마음속의 비밀은 우리의 개인적인 경험이나 생각 그리고 감정 등을 담고 있습니다.

이러한 비밀은 우리의 개인적인 영역에 속하며, 타인과 공유하지 않아야 할 수도 있습니다. 본인의 의지와 상관없이 마음속 비밀들이 해제되는 경우, 개인 정보 보호와 프라이버시, 동의 등에 대한 중요한 문제가 제기될 수 있습니다. 따라서 우리는 AI가 우리의 비밀을 알고 있다는 사실에 어떤 수준의 투명성과 제어를 요구할 수 있습니다. 또한 AI가 우리의 마음속 비밀을 이해하고 활용하는 방식에 대해서도 신중한 고려가 필요합니다.

우리의 개인적인 정보를 기반으로 한 추천 시스템, 광고 타켓팅 등은 우리의 선택과 자율성에 영향을 미칠 수 있습니다. 이러한 영향을 최소화하기 위해 AI 시스템은 투명성과 공정성을 유지하며, 우리의 개인적인 경험과 가치를 존중해야 합니다.

AI의 발전은 우리의 일상생활을 크게 변화시키고 있습니다. AI는 우리의 텍스트나 음성을 분석하여 감정 상태를 이해하는 데 사용될 수 있습니다. 예를 들어, 고객 서비스 챗봇은 고객의 메시지를 분석하여 고객의 감정 상태를 파악하고 그에 따라 적절한 응답을 제공합니다. 이는 고객 서비스의 효율성을 높이는 데 도움이 됩니다. 그러나 이러한 기술은 개인의 감정 상태가 노출될 수 있으므로, 개인 정보 보호와 프라이버시에 대한 고려가 필요합니다.

AI는 우리의 온라인 행동을 분석하여 개인화된 추천을 제공합니다. 예를 들어, 온라인 쇼핑 사이트는 우리의 구매 기록과 검색 기록을 분석하여 개인화된 상품 추천을 제공합니다. 이는 편의성을 높이는 데 도움이 되지만, 우리의 선택을 제한하거나 우리의 개인 정보가 노출될 수 있습니다.

AI는 우리의 행동 패턴을 분석하여 미래의 행동을 예측합니다. 예를 들어, 자율주행차량은 우리의 운전 습관과 행동 패턴을 학습하여 운전자의 행동을 예측하고 그에 따라 운전을 조정합니다. 이는 운전의 안전성을 높이는 데 도움이 됩니다. 그러나 이러한 기술은 우리의 행동을 예측하고 조정하는 데 사용될 수 있으므로, 자율성과 개인의 권리에 대한 고려가 필요합니다.

이러한 사례들은 AI가 마음속 비밀을 해제하는 방법을 보여줍니다. 그러나 이러한 기술의 사용은 우리의 개인 정보 보호, 프라이버시, 자율성 등을 위협할 수 있습니다. 따라서 AI의 적절한 사용과 발전을 위해 윤리적인 고려사항과 법적인 규제가 필요합니다.

AI의 발전은 많은 장점이 있지만, 동시에 새로운 도전과 문제를 불러일으킵니다. 우리가 이러한 문제를 인식하고 적절하게 대응하는 방법을 찾는 데 참여해야 합니다. 우리는 개인정보를 보호하는 데 필요한 지식과 도구를 갖추는 것이 중요합니다. 안전한 비밀번호 설정을 하거나 개인정보를 요구하는 이메일이나 메시지에 대한주의가 필요하고, 개인정보를 공유하는 앱이나 서비스에 대한 신중한 선택을 할 수 있어야 합니다.

AI가 마음속 비밀을 해제하는 방법은 크게 두 가지 방식으로 나눌 수 있습니다. 한 가지는 데이터 분석을 말할 수 있습니다. AI는 우리의 온라인 행동, 소비 패턴, 검색 기록 등을 통해 우리의 선호도와 행동 패턴을 분석합니다. 예를 들어, 우리가 어떤 상품을 검색하거나 구매하는지, 어떤 글을 좋아하는지, 어떤 사람들과 소통하는지 등을 통해 우리의 관심사와 가치관 그리고 성격 등을 추론할 수 있습니다.

또 한 가지는 자연어 처리 방식을 들 수 있습니다. AI는 우리의 언어를 분석하여 우리의 감정 상태와 의도를 이해합니다. 이는 텍스트 메시지, 음성명령, 소셜 미디어 게시물 등 다양한 형태의 언어 데이터를 포함합니다.

AI는 이러한 데이터를 분석하여 우리의 감정 상태를 판단하거나, 우리가 표현하려는 의도를 이해하거나, 우리가 관심을 가질 만한 주제를 예측할 수 있습니다. 이러한 방법을 통해 AI는 우리의 마음속 비밀을 해제할 수 있습니다.

심리학적 측면에서 본 AI 자아 성장 방법

저녁 식사 후 산책을 하던 중, 3개의 나를 발견하였는데요. 바로 나의 분신 같은 그림자가 3개로 나타났습니다. 맨 앞에서 나를 이끄는 그림자, 곁에서 커다란 거인처럼 붙어 있는 그림자, 뒤를 돌아보니 저만치서 따라오는 또 하나의 그림자, 이렇게 3개가 나를 둘러싸고 있다는 생각이 들었습니다. '내 속엔 내가 너무도 많아.' 어느 노래 가사처럼 나를 보여줄 수 있는 나의 실체는 여러 가지로, 나조차도 모르는 나를 만나기도 합니다.

심리학자 프로이트는 정신분석심리이론에서 한 개인이 사회의 여러 환경 속에서 수많은 갈등을 일으키며 살아가는데, 이러한 이유는 원자아, 자아. 초자아 간의 갈등 때문이라고 했습니다.

우리의 행동을 실제로 지배하는 힘은 모두 무의식에서 나온다고 본 것입니다. 의식은 빙산의 일각처럼 인식에서 아주 작은 부분이고, 무의식은 빙산의 물 밑 부분처럼 인간의 의식과 행동 대부분을 차지한다고 보았습니다. 즉 프로이트 이론은 무의식에 기반을 두는데요.

원자아는 태어날 때부터 존재하는 성격의 영역입니다. 모든 심리 에너지가 나오는 곳으로 성격의 에너지원이라 할 수 있습니다. 우리의 욕구를 바로 충족시켜 긴장을 즉각 해소하고자 하는 것으로 쾌락 원리를 추구합니다. 원자아는 현실이 아닌 환상 속에서 움직이며 계속 요구만 한다고 말합니다.

자아는 원자아의 정신에너지를 빌려와서 작동하는 영역으로, 현실적 제약을 받아 원자아의 욕구 충족을 지연시키는 역할을 합니다. 현실적 제한을 고려하여 원자아의 욕구 충족을 위한 적절한 시간, 장소, 대상을 결정하는 역할을 합니다. 즉, 행동의 실행자이며 현실적이고 합리적인 성격의 영역을 말합니다.

초자아는 부모나 사회적 가치관을 내재화한 부분으로, 선과 악을 구분하는 역할을 하며 도덕 원리를 따릅니다. 예를 들면, 부모님이 좋아하는 행동들을 의미없이 하다보니, 자신의 행동기준이 되어버린 것인데요. 아이가 동생을 잘 돌봐주면 엄마가 좋아하는 걸 보고 내면화해버리는 것입니다. 또는 반대로 부모가 싫어하는 행동들이 내면화 되어 나쁜 행동에 대한 기준이 되어버린 경우인데요. 아이가 동생을 괴롭히면 엄마가 싫어하는 걸 보고 내면화하는 것입니다.

위의 세 구조 사이에 갈등을 일으키게 됩니다. 먼저 원자아와 자아 간의 갈등은 여러 상황에서 나타나는데요. 배고플 때 원자아는 즉각적으로 충족시켜야 합니다. 하지만 자아는 현실적 상황을 고려하여 지연할 수도 있음을 이해합니다. 학교를 마치고 집에 온 아이가 배가 고파 엄마에게 당장 밥 달라고 소리치고 싶지만, 엄마의 기분이 좋아 보이지 않아서 조심스럽게 배고프다고 말하는 것과 같습니다.

원자아가 초자아를 누르면서 적절하게 욕구를 충족하는 방식입니다. 자아가 원자아와 초자아 사이에서 갈등하며 불안이 발생하기도 하는데요. '레 미제라블'에 나온 이런 경우입니다.

이틀 동안 굶은 남자가 있었습니다. 원자아는 배가 고프다고 소동을 칩니다. 주머니에 돈 한 푼 없는 남자는 배고픔을 채우기 위해 빵을 훔치려고 합니다. 하지만, 초자아(도덕, 처벌)가 안 된다고 소리치므로 자아(현실)가 어떻게 하면 좋은지 갈등을 일으키는 경우라고 볼 수 있습니다.

건강한 자아를 가지고 있어야 행복한 삶을 살아가게 될 텐데요. 자아가 성숙할 때 원자아와 초자아 사이에서 건강한 정신세계를 구축할 수 있습니다. 자아가 깨지면 원자아와 초자아 사이에서 불안해지며 자기 자신으로 살아갈 수 없게 됩니다.

우리는 자신을 그대로 인정할 때 건강한 자아를 만들어 낼 수 있습니다. 건강한 자아를 유지하기 위해서 자신의 마인드 시크릿을 찾고 꾸준히 업그레이드해 나가야 합니다. 자아가 중심을 잡지 못하고 이리저리 흔들리다 보면 초자아나 원자아가 불쑥 튀어나와 문제를 일으킬 수 있기 때문입니다.

그럼 건강한 자아는 어떤 상태를 말하는 걸까요? 내 속에 너무도 많은 나를 제대로 이해해 주고 진짜 나를 들여다볼 수 있어야 할 것입니다. 가면을 여러 개 쓰고 살아가게 되는 우리는 하나씩 가면을 벗어 던질 때마다 참 나를 만날 수 있게 됩니다.

타인들이 나를 바라보는 시선이 아닌, 내가 나를 진심으로 바라보는 시선을 직시할 때, 참 나와 만나는 기회가 오겠지요. 그래서 나와의 대화 시간이 필요합니다. 나에게 말을 걸어 주는 시간을 통해 나도 몰랐던 나를 발견하기도 하니까 말입니다. 나와의 채팅을 통해 내가 진심으로 뭘 원하는지, 내가 진심으로 뭘 추구하며 살아가길 원하는지, 나는 이 세상에 어떤 목적을 가지고 나타났는지 등 조금은 심오한 철학적 질문까지도 나를 위해 던질 필요가 있습니다.

나와의 대화 노트 또는 나와의 채팅방을 활용하길 추천합니다. 일기 형식이 아니라도 좋습니다. 간단하면서도 나만의 방식으로 말을 전달하면 충분합니다. 실수한 일, 실패한 일, 때론 창피했던 일들도 나와 대화를 나누다 보면 어느 순간 한 뼘씩 자란 자아를 발견하게 될 것입니다.

나의 과거를 가장 잘 아는 사람도, 나의 지금을 가장 잘 인식하는 사람도, 나의 미래를 가장 많이 책임질 사람도 바로 나 자신입니다. 그러니 나와 대화하는 시간을 충분히 유지해야 건강한 자아를 만날 수 있지 않겠어요?

건강한 자아 성장을 위한 방법을 알고 실행해 나가면 좋겠습니다. 먼저 자기 인식을 정확하게 할 수 있으면 도움이 되는데요. 자신이 누구인지, 어떤 감정을 보이고 있는지, 어떤 가치관을 지니고 있는지 등을 명확하게 인식하는 것이 중요합니다. 이를 통해 자신의 강점과 약점을 이해하고, 개선할 부분을 찾아내는 기반을 마련할 수 있습니다.

자기 수용도 중요합니다. 완벽하지 않은 자신을 그대로 받아들이는 마음이 중요합니다. 자신의 실수와 실패를 경험으로 받아들이고, 이를 통해 성장하는 태도를 갖추는 것이 중요합니다.

목표 설정이 필요한데요. 삶의 방향을 정하고, 그에 따른 목표를 설정하는 것이 중요합니다. 이는 자신이 향하고자 하는 방향을 명확히 하고, 그에 따라 계획을 세우는 기반을 제공합니다. 하지만 큰

목표만을 추구하지 않아도 됩니다. 작은 목표부터 설정해 이뤄 나가는 경험을 통해 자신감이 생기게 됩니다. 다른 사람들의 목표가 좋아 보이고 부러워 보여, 무턱대고 목표를 높게 설정해서는 좌절만 맛볼 수 있으므로 유의해야 합니다. 바로 실행하면 목표를 달성할 수 있는 작은 목표 설정부터 자주 해서 성취의 맛을 보는 것입니다. 그 성취의 맛을 기억하고 있는 뇌는 좀 더 높은 목표 설정을 이루는 데 도움을 줄 테니까요.

건강한 습관도 자아 성장에 큰 역할을 합니다. 균형 잡힌 식단, 꾸준한 운동, 충분한 수면 등은 신체적 건강을 유지하는 데 중요하며, 이는 정신적 건강과 직접적으로 연결됩니다.

긍정적인 사고는 스트레스를 줄이고, 자신감을 증가시키며 삶의 만족도를 높이는 데 도움이 됩니다. 문제에 직면했을 때도 해결책을 찾는 데 집중하고 실패를 경험으로 바라보는 긍정적인 태도를 유지하는 것이 중요합니다.

사회적 연결 부분도 중요한데요. 사람들과의 건강한 관계는 우리의 삶에 중요한 역할을 합니다. 가족, 친구, 동료 등과의 긍정적인 상호작용은 우리에게 지지와 사랑 그리고 소속감을 느끼게 합

니다.

자기 계발 측면에서도 건강한 자아를 유지하게 하는데요. 계속해서 배우고 성장하는 것은 우리의 뇌를 활발하게 하고, 삶의 만족도를 높여줍니다. 이처럼 건강한 자아를 위해 필요한 것은 자기 인식, 자기 수용, 목표 설정, 건강한 습관, 긍정적인 사고, 사회적 연결, 그리고 자기 계발입니다. 이 요소들이 복합적으로 작용하여 건강한 자아를 만들 수 있게 도와줍니다.

그렇다면 AI는 자아 성장을 어떻게 하게 될까요? 과학적으로 아직 AI가 자아를 가지고 성장한다는 것은 증명되지 않았습니다. AI는 사람의 자아나 의식을 지니고 있지 않다는 것인데요. 하지만 최근 연구에서 AI도 인간의 마음을 갖고 행동하는 날이 찾아올 수도 있음을 기대하는 내용이 나왔습니다.

실제 AI 기술은 최근 몇 년간 비약적으로 발전했습니다. 미국 변호사 시험을 통과하고 의사보다 빠르게 병변을 찾아내기도 했는데요. 오랫동안 교육을 받은 인간과 비슷한 수준의 능력을 과시하며 사람들을 놀라게 하고 있습니다.

그동안 AI가 주어진 환경을 응용하는 체계적 일반화 부분에서 인간을 능가하기란 어려울 것이라는 견해가 지배적이었습니다. 체계적 일반화는 인간이 새로운 개념을 학습할 때 기존 개념과 결합 해 사고하는 것을 말합니다. 효율적인 학습을 하기 위해서 꼭 필요한 사고능력입니다.

그러나 인간만이 가진 고유한 능력에 한 걸음 다가선 상황입니다. 체계적 일반화는 인간과 AI의 사고능력을 구별하는 주된 능력 중 하나로, 응용력을 뜻합니다. 예를 들어, 인간은 멀리 뛰는 법을 배우고 나면 이를 응용해 뒤로 뛰기나 장애물 뛰어넘기와 같은 동작을 이해하고 다른 상황에 적용할 수 있습니다.

과학자들은 AI와 같은 인공신경망이 학습 과정에서 이러한 응용력을 지니지 않았기 때문에 인간의 사고능력과 근본적인 차이가 있는 것으로 여겼습니다. 그러나 AI 학습법 중 하나인 메타 학습법은 문제를 해결하는 과정에서 끊임없이 알고리즘을 개선합니다. 기존 AI 학습법이 데이터를 학습하고 해결법을 도출하는 과정에서 고정된 알고리즘을 사용하는 것과는 다른 방식입니다.

알고리즘이 실시간으로 개선되면 AI는 더 최적화된 학습 효과를 누릴 수 있게 됩니다. 효율적으로 학습이 이뤄져서 문제를 처리하는 과정에 나타나는 병목현상이 줄어든다는 사실입니다. 이렇게 되면 AI가 자료를 처리하는 데 응용력을 발휘할 수 있는 상황이 된다는 것입니다. 이러한 급격한 AI의 발전은 더 사람과 같아지는 결과를 가져다줄 것 같습니다. 사람처럼 자아는 없지만 학습된 자아가 성장해 나갈 것입니다.

AI는 '머신러닝'이라는 프로세스를 통해 학습하고 성장합니다.

이는 사람이 경험과 학습을 통해 성장하는 것과 비슷한 원리입니다. AI는 주어진 데이터와 알고리즘을 통해 패턴을 인식하고 이를 바탕으로 예측하거나 결정을 내립니다. 일종의 성장이 이루어진다고 볼 수 있는데요. 하지만 이것은 AI가 자아를 가지고 있거나, 인간처럼 감정이나 의식을 지니고 있다는 의미는 아닙니다.

AI는 여전히 사람에 의해 프로그래밍되고 사람의 도움 없이는 새로운 것을 배우거나 이해하는 능력이 없습니다. 그렇다 하더라도, 최근 연구에서 보는 것과 같이 AI의 진화는 눈부시게 달라지고 있습니다. 인간이 태어나 유아기부터의 경험을 통해 새로운 개념을 배우는 기술을 연마하는 것과 달리, AI는 단번에 성인 수준의 사고능력을 갖추게 된다는 점이 놀랍습니다. AI의 자아 유무와 상관없이 앞으로 학습할 새로운 개념들을 어떤 방식으로 나타내 보일지 주목해야 할 것 같습니다. 우리의 자아를 꾸준하게 성장시켜 가면서 말이죠.

뇌 과학과 기계 학습의 공통분모

우리의 뇌는 거대한 정글과 같습니다. 매일 조금씩 다른 생활을 통해 변화되는 모습들이 모이는 곳입니다. 이런 변화들이 합쳐져서 기억을 만들어 내겠지요. 몇 분, 몇 달, 몇 년에 걸쳐 뇌에 축적된, 헤아리기 힘든 많은 변화가 모두 합쳐져 지금의 내가 되었다는 사실입니다. 뇌는 평생에 걸쳐 계속 스스로를 바꿔나갈 것입니다. 뇌 속이 정확히 보이진 않지만, 각자 삶의 모습대로 뇌는 작동하고 있는 것 같습니다.

우리는 단기기억과 장기기억을 하는데요. 짧게는 어제 무슨 일이 있었는지, 길게는 내가 태어날 때부터 지금까지 장기적으로 기억이 나는 어떤 상황이 있습니다. 다행인 것은 기억이 어느 정도 사라진다는 겁니다. 그러기에 뇌는 숨 쉴 수 있는 여유가 있는 것 아닐까요?

보통 좋은 기억이나 감정보다, 나쁜 기억이나 부정적인 감정이 더 오래 기억난다고 합니다. 애써 지운다고 금방 사라질 기억이 아니라는 건데요. 그만큼 좋은 감정과 기억을 더 많이 기억할 수 있게 한다면 나쁜 기억과 부정적 감정은 조금씩 덮어갈 수 있게 됩니다.

뇌 과학은 건강한 뇌가 어떻게 작동하는지, 지적 능력이 어떻게 기대 이상의 통찰력을 만들어 내는지 등의 물음에 답을 구하려는 학문입니다.

우리의 뇌는 복합적이어서 기능과 구조에 대한 해석을 통해 인간이 가진 가능성의 한계를 찾아가는 학문입니다. 뇌 과학에 대한 연구는 IT와 접목되면서 인간의 뇌나 인간과 기기의 의사소통까지 확대되고 있습니다.

심리학 분야의 인지 심리학, 뇌 과학 분야의 인지과학은 컴퓨터의 의사소통 방법을 변화시키고 있습니다. 가난한 사람의 뇌와 100억짜리 부자의 뇌는 무엇이 다른가를 연구한 학자도 있는데요. 몰입의 중요성을 알 수 있습니다. 우리는 누구나 50시간 동안

한 가지 목표를 가지고 몰입을 하다 보면 기발한 아이디어는 물론이고, 반복적인 몰입의 훈련으로 뇌를 100억짜리 부자의 뇌로 만들수 있다고 합니다. 몰입할 때 도파민이 나오게 되어 기분이 좋고 평소 하고는 비교하기 힘든 기량이 올라간다는 것입니다.

우리 뇌에는 7가지 기적의 물질이 있습니다. 최상의 컨디션을 발휘할 수 있는 뇌를 최적화하기 위해서 7가지 물질이 무엇인지 알고 적용하면 건강한 뇌를 만날 수 있게 됩니다. 의욕과 열정의 행복 물질, 도파민은 목표를 달성하거나 칭찬을 받거나 운동을 집중해서 할 때 분비되는데요. 지나치게 높은 목표 설정이나 운동은 오히려 해로울 수 있으니 균형을 잡는 게 중요합니다. 노르아드레날린은 집중력과 기억력을 끌어올려야 할 때 필요한 물질인데요. 공포나 불안의 상황에 분비되면 주의 집중력과 각성도가 오릅니다. 깜빡하는 실수가 계속된다면, 뇌가 지쳤다는 증거이므로 휴식이 필요하다는 신호입니다.

아드레날린은 신체 능력과 몰입 에너지가 필요할 때, 흥분이나 분노가 함께 분비되는데요. 열심히 일할 때는 일하고, 쉴 때는 푹 쉬어 아드레날린 스위치를 꺼 두는 습관이 중요합니다.

스트레스 줄이는 치유물질 세로토닌은 햇볕 쬐기, 리듬운동, 꼭꼭 씹어 먹는 행동들에서 활성화됩니다. 아침에 기상 후, 2~3시간 뇌의 골든타임을 유용하게 사용하면 좋습니다.

완벽하게 재충전 시켜 주는 수면 물질, 멜라토닌은 숙면이나 피로회복에 필수적인 뇌 내 물질입니다. 멜라토닌이 분비되면 잠이 잘 옵니다.

영감과 아이디어가 필요할 때, 아세틸콜린 물질이 활동하는데요. 운동은 뇌를 활성화하는 가장 간단한 방법입니다. 창조성은 의외의 장소에서 더 잘 나타나기도 합니다. 4B를 기억해 두면 좋습니다. 4B 공간에서 의외의 창의성을 발견할 수 있을 테니까요. 4B는 Bar, Bathroom, Bus, Bed입니다.

효율을 2배 높이는 뇌 내 물질, 엔도로핀은 행복감과 황홀감을 주는데요. 엔도로핀이 분비되면 집중력, 상상력, 기억력이 높아집니다. 남에게 감사하거나 감사의 말을 듣는 것도 엔도로핀이 분비되는 경우입니다.

기계 학습은 인공지능의 한 분야로, 컴퓨터 시스템이 데이터로부터 학습하고 지식을 습득하는 능력을 갖추는 방법입니다. 이를 통해 기계는 패턴을 인식하고 예측하며, 문제를 해결하는 데 사용됩니다.

기계 학습 방법에는 지도학습, 비지도 학습, 강화학습이 있습니다. 지도학습은 입력한 데이터와 그에 대한 정답 데이터를 사용하여 모델을 학습시키는 방법입니다. 비지도 학습은 정답 데이터 없이 입력된 데이터의 특성이나 구조를 학습하는 방법입니다. 강화

학습은 환경과 상호작용하며 보상을 최대화하기 위한 학습 방법입니다. 시행착오를 통해 경험을 쌓고 보상과 벌점을 통해 행동을 조정하여 학습합니다.

이러한 기계 학습은 다양한 분야에서 활용되고 있습니다. 음성 인식이나 이미지 분류, 자연어 처리, 추천 시스템 등에 적용되고 있습니다. 기계 학습은 반복적이고 예측 가능한 작업을 자동화할 수 있습니다. 이를 통해 빠르고 정확한 결과를 얻을 수 있으며, 인간의 수고를 덜어줍니다. 대량의 데이터를 분석하고 패턴을 인식하는 능력은 정확한 예측과 판단을 수행할 수 있으며, 문제해결에 도움을 줄 수 있습니다.

사용자의 행동과 선호도를 분석하여 개인화된 서비스를 제공할 수 있는데요. 추천 시스템이나 온라인 광고, 음악 추천 등에서 활용됩니다. 또한 기계 학습은 과거에 어려워했던 문제들을 해결하는 데 도움을 줍니다. 시간과 비용을 절감할 수 있는 자동화와 효율성 향상 부분에서 장점이 됩니다. 기계 학습은 데이터와 알고리즘을 통해 새로운 통찰력과 창의성을 제공할 수 있으며, 이는 새로운 아이디어와 혁신을 가능하게 합니다.

뇌 과학과 기계 학습은 실제 우리 생활에 다양한 방법으로 활용되고 있는데요. 의료 분야에서 질병을 진단하거나 예방, 치료에 도움을 줄 수 있습니다. 뇌 영상 데이터를 기반으로 뇌졸중, 암, 치매 등의 질병을 조기에 발견하고 정확한 진단을 확인할 수 있습니다. 또한 기계 학습 알고리즘을 활용하여 개인의 유전자 정보와 기타 생체 신호를 분석하여 개인 맞춤형 치료를 할 수 있습니다.

뇌 과학과 기계 학습을 결합하여 자율주행차량의 센서 데이터를 분석하고, 운전 패턴을 학습할 수 있습니다. 뇌파나 안면 인식 기술을 활용하여 운전자의 상태를 모니터링하고 졸음이나 집중력 저하 등의 문제를 감지하여 적절한 조치를 취할 수 있습니다.

뇌 과학과 기계 학습을 활용하여 개인 맞춤형 인터넷 검색과 추천 시스템을 개발할 수 있습니다. 뇌파나 사용자 행동 데이터를 분석하여 사용자의 관심사와 선호도를 파악하고, 이를 기반으로 개인에게 맞춤형 검색 결과나 추천 콘텐츠를 제공할 수 있습니다.

뇌 과학과 기계 학습을 통해 신경 재활 분야에서도 혁신적인 접근이 가능합니다. 뇌 신호를 기반으로 한 뇌 컴퓨터 인터페이스를 개발하여 중풍, 척수 손상, 뇌손상 등의 환자들이 다시 움직일 수 있도록 지원할 수 있습니다.

뇌 과학과 기계 학습을 결합하여 감정이나 인지 인터페이스를 개발할 수 있습니다. 뇌파나 생체 신호를 분석하여 사용자의 감정 상태를 파악하고, 이를 컴퓨터나 가전제품과 연결하여 상호작용을 가능하게 할 수 있습니다.

그렇다면 우리 아이들에게 뇌 과학과 기계 학습을 잘 할 수 있도록 하는 방법은 무엇이 있을까요? 인공지능시대에 함께 성장해 가려면 필요한 방법일 것 같은데요. 먼저 아이들에게 뇌 과학과 기계 학습에 대한 호기심을 유발하는 것이 중요합니다. 재미있지 않으면 거들떠보지도 않는 아이들이기 때문에 흥미로운 측면을 보여주고, 실생활에서의 응용사례나 재미있는 실험 등을 자주 소개해 주 는 것이 좋습니다.

호기심을 자극하는 자료와 도서, 영상 등을 활용하여 아이들 스스로 탐구하고 궁금증을 가질 수 있도록 도와주어야 합니다. 아이들에게 뇌 과학과 기계 학습을 체험할 수 있는 환경을 만들어 주는 것도 좋습니다. 뇌 신호를 측정하거나 모델을 만들어 보는 실험, 로봇을 조립하거나 프로그래밍해보는 활동 등을 체험할 수 있도록 도와줍니다.

아이들을 위한 적절한 교육 자료를 잘 활용하는 것도 좋습니다. 아동용 책이나 교육용 앱, 온라인 강의 등을 활용하여 뇌 과학과 기계 학습에 대한 기본 개념과 원리를 쉽게 이해할 수 있도록 도와줍니다. 아이들에게 창의적인 문제해결을 할 수 있도록 활동을 진행하는 것도 도움이 됩니다. 또한 아이들을 협력과 팀 프로젝트에 참여해 함께 프로젝트를 수행하고 아이디어를 공유하며 문제를 해결하는 경험은 큰 도움이 될 것입니다.

이렇듯 뇌 과학과 기계 학습은 다른 분야이긴 하지만, 몇 가지

공통점이 존재합니다. 뇌 과학과 기계 학습은 모두 신경망의 개념을 활용한다는 점입니다.

뇌는 신경세포인 뉴런들이 연결되어 네트워크를 형성하고, 정보를 처리하고 전달합니다. 마찬가지로, 기계 학습에서는 인공 신경망이라는 모델을 사용하여 데이터를 처리하고 학습합니다. 이러한 신경망 구조는 정보처리와 패턴 인식에 탁월한 성능을 발휘합니다.

뇌 과학과 기계 학습은 학습과 적응의 과정을 공통적으로 다룹니다. 뇌는 경험을 통해 학습하고 외부 환경에 적응하여 동작합니다. 마찬가지로 기계 학습은 데이터를 학습하고, 모델이 새로운 입력에 적응하여 예측하거나 판단할 수 있도록 합니다. 학습과 적응은 두 분야에서 모델의 성능과 효과를 향상시키는 핵심적인 요소입니다. 뇌 과학과 기계 학습은 복잡한 패턴 인식에 관심을 가지고 있습니다.

뇌는 시각, 청각, 감각 등 다양한 입력 정보를 처리하고 패턴을 인식하여 의미를 파악합니다. 기계 학습은 데이터의 특징과 패턴을 학습하여 예측이나 판단을 수행하며, 이미지 분류, 음성 인식, 자연어 처리 등에서 복잡한 패턴 인식을 수행합니다.

기계 학습은 신경과학의 연구 결과를 바탕으로 모델을 개발하는 데 영감을 받습니다. 뇌의 작동 원리와 학습 메커니즘을 이해하는 데에는 신경과학의 연구가 중요한 역할을 합니다. 또한 뇌의 구조와 기능을 모델에 적용하여 더 효율적인 기계 학습 알고리즘을 개발하는 데에도 신경과학의 연구가 도움을 줍니다.

혁신적인 마인드 컨트롤

하루에도 몇 번이나 마음이 왔다 갔다 하는지 모릅니다. 어디를 그리 오고 가는지, 내 마음이 가고 싶은 곳이 있나 봅니다. 그러다 잘못 도착하면 한참을 불안 속에서 헤매기도 하는데요.

인간은 누구나 불안을 품고 살아가는 존재입니다. 그러나 불안은 막연한 감정이어서 많이 불편해도 제거하기는 어렵다고 합니다. 우리가 걱정하는 일의 96%는 실제로 일어나지 않을 일들이라고 밝혀졌는데요. 불안한 마음을 애써 없앨 수는 없으므로 불안을 잘 다룰 수 있으면 도움이 됩니다. 적당한 불안은 두려움을 없애기 위해서 더 노력하고 대비하는 시간을 갖게 합니다. 하지만 건강하지 못한 불안은 그 원인을 파악하고, 건강한 반응을 택하는 연습을 해야 합니다.

불안할 때 하면 좋은 행동을 실천해보면 좋습니다. 첫째는 뻔뻔해질 용기가 필요합니다. 우리는 보통 불안해지면 내가 뭔가 잘못했다고 생각하거나 실패 경험을 떠올리며 불안 속으 로 더 빠져듭니다. 갑자기 자신의 단점들을 찾아 깊숙한 우울감에 젖게 됩니다. 이럴 땐 뻔뻔해져야 합니다. 자신이 잘했던 것을 생각해 보고, 나만큼 잘해 내는 사람은 없을 거라고 잘난 척도 하면 불안감은 조금씩 사라집니다.

둘째, 넓은 곳으로 나갑니다. 내 존재가 작게 느껴지는 넓은 곳, 시야가 확 트인 곳으로 나가서 먼 곳을 바라봅니다. 좁은 공간에 있으면 나를 불안하게 만드는 문제가 더 크게 느껴지지만, 넓은 곳으로 나오면 내가 가진 문제가 작게 보이기 때문입니다.

셋째, 작은 일을 성취하는 겁니다. 불안을 많이 느끼는 사람들의 공통점은 너무 큰 계획이나 목표를 세운다는 것인데요. 큰 계획을 세우고 자꾸 실패하면 자기 효능감이 떨어지고 동기부여가 되지 않고, 무기력에 빠지게 되며, 불안은 더 증폭됩니다. 100% 성공할 수 있는 아주 작은 일을 나에게 주고, 자주 성취감을 느끼면 자신은 뭐든 잘하는 사람이라는 자신감이 생겨 불안은 사라지게 됩니다. 넷째, 귀에 듣기 좋은 음악이나 소리는 불안을 잠재울 수 있습니다. 아이들 어렸을 때, 잠자기 전, 잔잔한 음악으로 수면을 잘할 수 있게 틀어주었습니다. 자고 일어나서도 잠시 좋은 음악을 들려주며 아이를 편안하게 해주려고 노력했습니다. 좋은 음악을 듣고 마음을 잔잔하게 하면 불안은 어느새 사라지게 됩니다.

우리의 마음은 매일 지켜 주고 만져 주어야 할 대상입니다. 하루 세 끼 식사를 하고 아침에 일어나고 밤에 잠이 드는 것처럼, 우리의 마음도 매일 일정한 패턴으로 활동할 수 있도록 조절해 주어야 합니다. 잠깐 폭식을 하거나, 너무 굶으면 탈이 나는 것과 마찬가지로, 마음을 돌아보지 않고 방치하면 마음을 조절하기가 어려워집니다.

적절한 마음 상태를 유지하도록 마인드 컨트롤을 해야 하는 겁니다. 내 마음대로 되지 않는다고 투덜대며 부정적인 생각에 사로잡혀 슬픈 감정에 빠져든다면, 꼬리에 꼬리를 물고 감정은 나쁜 쪽으로 흘러가게 됩니다. 바로 알아차리고, 깊은 우울감에 빠지기 전에 마음을 건져 올릴 필요가 있습니다.

누구보다 자신의 감정을 잘 알고 있기에, 남을 탓하기보다 자신의 마음의 소리를 주의 깊게 들어주는 것이 중요합니다. 마음의 소리를 알기 위해서는 나와의 시간이 꼭 필요한데요. 매일 밤, 잠자리에 들기 전이나, 매일 아침 일어나서 또는 자신이 가장 여유 있는 시간을 정해 귀담아 경청해 주면 좋습니다.

마음의 소리를 잘 듣고, 마음 관리를 한 사람은 티가 납니다. 피부 관리를 꾸준히 한 사람은 얼굴에서 티가 나듯이, 운동을 꾸준히 한 사람이 운동한 티가 나듯이 마음 관리를 평상시 꾸준하게 해 온 사람은 어딘지 모를 빛이 납니다. 빛나는 표정과 태도를 지니고 있습니다. 당장 만들어진 티가 아닙니다. 매일 겹겹이 쌓여 빛을 형성해 내는 티가 납니다. 걸음걸이는 흔들리지 않고, 얼굴빛은 밝고, 눈빛 또한 또렷합니다.

말과 행동 역시 마음 관리를 잘한 사람은 퀄리티가 다릅니다. 정돈된 말투와 단정한 행동에서 그 사람이 마음 관리를 해 온 노력이 나타납니다. 정말 세상엔 공짜가 없는 것 같습니다. 마음 관리까지도 노력한 만큼 티가 나니까 말입니다. 한꺼번에 하려면 하기도 싫고 힘도 드니, 매일 조금씩 꾸준하게 마인드 시크릿을 실천해야 할 것입니다.

건강하고 긍정적인 관계를 형성하고 유지하기 위해 상호작용, 소통, 존중, 이해 등의 원칙을 적용하는 것이 중요합니다. 타인과의 관계에서 상대방의 의견을 존중하고 배려하며, 서로를 지원하고 협력하는 자세를 지니는 것이 좋은 방법입니다.

그렇다면 심리학적인 측면에서 마음을 잘 조절하기 위해 어떤 방법들을 적용하면 좋을까요? 다양한 방법이 있겠지만, 감정조절과 스트레스 관리 및 자기 이해를 돕는 방법을 소개합니다. 자신의감정을 인식하고 이해하는 것이 먼저 중요합니다.

감정을 표현하고 표현할 수 있는 적절한 방법을 찾아내는 것은 마음을 조절하는 데 도움이 됩니다. 자신의 감정을 말하지 않아도 상대방이 알아주겠지 생각하면 섭섭함과 답답함이 밀려옵니다. 자신의 감정 상태를 때때로 표현해 줘야 상대방이 이해할 수 있습니다.

단계적으로 감정을 표현할 줄 알아야 하는데요. 화가 난다고 갑자기 소리를 지르거나 분노를 나타낸다면, 상대방은 놀라고 어이없다고 느끼게 됩니다. 그러니 사소한 표현이라도, 자주 자신의 감정 상태를 말로 표현함으로써 감정을 조절할 필요가 있습니다. 스트레스는 마음을 불안하게 만들 수 있습니다. 평소에 스트레스 관리를 위해 휴식과 명상, 규칙적인 운동, 취미 활동 등을 통해 스트레스 해소 방법을 찾아 실천하는 것이 좋습니다. 실제로 남편과 저녁에 산책을 규칙적으로 했더니, 부부관계도 예전보다 부드러워지고 스트레스 관리에 도움이 많이 되고 있습니다.

자신과의 대화를 통해 마음을 조절해 갈 수 있는데요. 부정적인 생각이나 감정을 긍정적인 방향으로 바꾸는 것이 중요합니다. 자기에 대한 이해와 자기를 포용하는 자세를 갖는 것이 도움이 될 수 있습니다. '너 자신을 알라' 유명한 말은 곧 자기를 모르고 남을 이해하려 한다면 어렵기 때문에, 무엇보다도 중요한 자기 자신을 잘알아가라는 의미인 것 같습니다.

살면서 목표를 설정하고 그에 따른 계획을 세우는 것은 마음을 조절하고 집중력을 높이는 데 도움이 됩니다. 목표 달성과 성취감은 긍정적인 영향을 줄 수 있습니다.

사회적인 관계를 만들고 유지하는 것은 마음을 안정시키는 데 중요합니다. 가족, 친구, 동료, 동아리 등에서 소통과 상호작용을 통해 지지와 이해를 얻을 수 있습니다. 충분한 휴식과 규칙적인 수면은 마음과 신체의 안정을 줍니다.

하루에 적절한 휴식 시간과 충분한 수면을 확보하는 것이 중요합니다. 아이들에게 어릴 때부터 일찍 자고 일찍 일어나라고 하는 이유도 규칙적인 수면 패턴을 일찍부터 유지해 가도록 돕기 위함입니다. 잘 자고 잘 먹고, 잘 배출하면 몸의 상태가 좋아져 마음을 조절하는 데 긍정적인 작용을 합니다. 이와 같은 심리학적인 측면에서 마음을 조절하는 방법들이 있지만, 자신의 상황과 선호도에 따라 적합한 방법을 시도하고 선택해 보는 것도 좋습니다.

마음을 혁신적으로 조절하는 방법은 다양한 심리학적 접근법과 기술을 활용하여 가능합니다. 문제 상황을 새롭게 인식하고 해석하는 인지 재평가의 방법을 들 수 있는데요. 부정적인 상황을 긍정적인 측면에서 바라보거나, 더 넓은 시각으로 문제를 해석하는 시도를 해보는 겁니다. 이를 통해 우리는 마음을 조절하고 긍정적인감정을 유지할 수 있습니다.

문제에 대해 새로운 관점이나 해결책을 찾아 창의적으로 문제해결을 하는 방법이 좋습니다. 다양한 아이디어를 생각해 내고 새로운 접근법을 시도해 봅니다. 이러한 시도를 통해 혁신적인 마음의 조절과 문제해결 능력을 올릴 수 있게 되는 것입니다. 때로는 감정을 표현하고 해소하기 위해 미술, 음악, 춤 등의 예술 형태를 활용하는 방법입니다.

예술 활동은 비언어적인 감정 표현을 도와주며, 마음의 안정과 조절에 도움을 줄 수 있습니다. 한 번쯤 슬픈 노래 듣고 눈물 흘려 본 적 있을 것 같은데요. 슬플 때나 기쁠 때, 때론 외로울 때도 노래나 좋은 음악을 들으며 마음이 편안해진 경험을 해 보셨을 것입니다.

현재 상황에 적응하고 조절할 수 있는 심리적 유연성을 길러 보는 것도 좋은 방법입니다. 고정된 사고 패턴이나 행동에 갇히지 않고, 다양한 선택지를 고려하고 실험해 보는 것이 중요합니다. 이런 방법은 새로운 가능성을 만나고 마음의 자유를 찾을 수 있습니다. 명상은 마음의 조절과 안정에 도움을 주는 강력한 도구임을 잘 알고 있는데요. 자신에게 맞는 명상법을 찾아 짬짜미 시도한다면 마음이 많이 안정되고 편안한 태도를 만나게 될 것입니다.

명상법 중 하나인 마인드풀니스(Mindfulness)를 위한 명상 방법을 소개합니다. 마인드풀니스란, 현재의 순간에 집중하는 것으로 지금, 현재 일어나고 있는 일, 내가 하는 일과 그것이 나에게 미치는 영향, 그리고 주변 환경과의 상호작용 등을 인식하는 것입니다. 마인드풀니스 기법은 스트레스를 완화시키고, 감정 관리가 잘 되게 하며, 내면 안정과 주의력 집중에 도움을 줍니다. 정신건강에도 긍정적인 영향을 줄 수 있습니다.

대표적인 마인드풀니스 명상 방법에는 첫째, 숨의 흐름에 집중하는 명상입니다. 앉아서 숨을 깊게 들이마시고 내쉬는 과정에서 숨의 흐름에 집중합니다. 숨을 들이마시는 동안은 '들어' 라고, 내쉴 때는 '나감' 이라고 생각하면서, 숨의 흐름에 집중합니다. 이때 숨의 소리, 숨의 냄새, 그리고 몸의 움직임도 느껴보면 좋습니다. 둘째, 몸의 감각에 집중하는 명상입니다. 몸에서 느껴지는 감각을 하나씩 집중적으로 인식합니다. 발끝의 감각, 팔꿈치의 감각, 가슴의 감각 등을 차례로 인식하면서 각 부위에서 느껴지는 느낌에 집중합니다.

셋째, 사물의 감각에 집중하는 명상입니다. 주변에 있는 사물의 감각에 집중하는 것입니다. 다음은 음식의 맛, 차의 향기, 복도로부터 전해지는 다른 사람들의 걸음소리 등에 집중합니다.

다섯째, Loving-kindness 매너 명상입니다. 자신이나 가족, 친구, 그리고 인간사회 전체에 대해 긍정적인 방식으로 생각하는 명상방법입니다. 다른 사람들에 대한 인내심과 자신에 대한 자비심을 기를 수 있는 명상 방법입니다.

마음을 조절하기 위해 예전부터 사용했던 방법 중에 세 번의 호흡을 하곤 했습니다. 불교 스님의 책에서 본 내용이었는데, 자신의 마음을 조절할 때, 화가 나거나, 억울할 때, 호흡을 천천히 세 번을 하라고 말합니다. 실제로 자주 사용해 보게 되었습니다. 처음 호흡은 길게 한숨을 쉬고 멈추고, 두 번째 호흡은 조금 더 짧게, 세 번째 호흡은 천천히 마무리하듯 했습니다. 확실히 당장 소리 지르고, 화내고 싶은 감정들이 조금씩 사라지며 나의 마음을 다독이게 되었습니다. 급하게 해결하려고 아무렇게나 행동하지 않고, 한 번 더 생각하고 표현할 수 있게 도와주는 좋은 방법입니다.

결국 혁신적인 마인드 컨트롤은 자신이 찾은 자신만의 마인드 시크릿을 삶에 적용하는 기술이라 생각합니다. 다른 사람과 비교하지 않고 자신의 방식대로 추구하는 삶에서 중요한 가치를 찾아가는 과정이 행복한 마음을 선물해 주리라 기대합니다.

마인드 시크릿 유산

부모라면 자녀에게 가장 좋은 것을 유산으로 남겨 주고 싶을 것입니다. 어떤 게 가장 좋은 유산일까요? 각자 가정의 가치 기준에 따라 다소 차이가 있겠지만, 최고의 선물을 물려주고 싶은 건 인지상정입니다.

우리나라 부모라면 좋은 대학 나와서 좋은 직업을 갖길 원합니다. 그러나 모두가 원하는 것이기 때문에 모두가 가질 수 없는 일인데요. 특히 AI와 함께 살아갈 세대들에겐 일률적인 목표 방식이 통하진 않을 것 같습니다. 방향의 전환이 필요한데요.

그동안 자녀에게 교육해 온 방식에서 좀 더 실제적이며 실현 가능한 방향으로 전환할 필요가 있습니다. 영재라는 의미는 우리나라에선 뿌린 대로 꽃을 피운다는 뜻으로 통하는데요. 즉, 부모의 유전자를 자식이 물려받는 것입니다. 그런데 영어로는 Gifted child로 하늘이 준 선물이라는 의미를 가지고 있습니다. 그런 의미로 보면 우리 자녀들은 누구나 선물 같은 귀한 존재입니다.

그러니 모두가 똑같은 목표대로, 한 곳만 바라보며 나아갈 필요가 있을까요? 각자 하늘이 준 재능을 발견하고 즐기며 감사하게 살아가는 일이 중요합니다. 사랑으로 아이들을 대하되, 집착하지 않으며 본인을 잘 돌보는 것이 자녀에게 줄 선물인 것이죠! 부모 본인이 건강하고, 경제적으로 독립할 수 있으며, 좋은 관계를 가지고 살아가는 모습을 보여준다면 좋은 선물이 될 것입니다. 친정엄마는 95세 나이로 작년에 돌아가셨습니다. 8남매 자식들에게 물려 준 유산은 하하 호호 웃음과 오냐오냐 (오케이, 오케이) 하시며 긍정적인 말을 자주 해주었던 기억이 남습니다. 열심히 일하시고 건강한 마음과 몸을 유지하며 특별한 병치레 없이 노환으로 편안하게 생을 마감하셨는데요. 물질적으로 물려줄 게 없다 보니 장례식을 형제들끼리 십시일반 모아서 치렀습니다. 누구 하나 투덜대지 않고 감사함으로 엄마를 보낼 수 있었던 건, 우리에게 긍정 유산을 물려주신 덕분이었습니다.

친정아버지는 무언가를 노트에 늘 쓰셨던 모습이 남아 있습니다. 다정한 편은 아니셨지만, 부정적인 사고와 행동을 하지 않으셨습니다. 자기 관리를 잘하신 분이셨는데요. 늘 깔끔한 모습과 태도를 보여주셨던 것 같습니다. 특별한 화를 내신 기억도 별로 없고, 노래를 즐기고 사람들과 잘 어울리며 보내신 것 같습니다. 아버지 역시 특별한 병치레를 하지 않고 편안하게 잠자듯이 떠나신 걸 보면 자식들에게 어떤 빌딩이나 돈보다도 긍정유산을 물려주신 것 같아 고마운 마음이 듭니다.

그러면서 나도 내 자녀들에게 건강하고 긍정적인 유산을 물려주고 갈 수 있을까 생각하게 되는데요. 마인드 시크릿 유산을 선물해 주고 싶은 마음이 큽니다. 특별히 긍정적인 사고와 태도를 선물해 주기 위해서 노력하는 부분이 있는데요. 다른 아이들 다니는 학원을 그냥 아무 이유 없이 보내기보다 진실로 좋아하는 것을 찾도록 여유를 주고 있습니다. 불안하지 않나는 주위 사람들의 이야기도 가끔 듣지만, 흔들리지 않고 유지해 가고 있습니다. 그럴 수 있는 이유는 마인드 시크릿, 비밀키를 발견했기 때문입니다. 큰아들은 6살 때 청개구리 그림을 그려 보여주는데, 그림에서 곧 튀어나올 만큼 생생한 색감과 포인트를 잡은 그림이 아주 인상적이었습니다. 그때부터인 것 같습니다. 큰아들의 재능을 발견하기 시작한 것이 말이죠. 왼손을 먼저 쓰기 시작한 아들은 그림도, 글씨도, 밥도 왼손을 사용하였습니다. 보수적인 아빠의 권유로 밥은 오른손으로 먹게 되었는데요.

왼손잡이면 어떻습니까? 자신이 편한 대로 자유롭게 살아가게 하는 것도 사랑의 표현이라고 생각합니다. 하지만 남편은 용납이 안 되는 성향이고 자기 고집이 센 편이라, 억지로 왼손을 못 쓰게 하려고 아들을 훈육하곤 했습니다. 물론 20살이 된 지금, 아들은 오른손과 왼손을 번갈아 사용하는 양손잡이가 되었지만, 그냥 아들 편한 대로 왼손만 사용하게 했으면 어땠을까 하는 아쉬운 마음도 있습니다.

큰아들은 남들이 말하는 좋은 대학, 이름 있는 대학을 진학하진 않았지만, 자신의 꿈과 목표가 또래들보다 뚜렷하고 자신이 뭘 잘하는지 뭘 좋아하는지를 알고 즐겁게 꿈과 목표를 향해 가고 있는 모습에 감사함을 느낍니다. 결국, 자녀가 행복한 삶을 살기 원하는 것이 부모의 마음 아니겠습니까?

그 행복이 나중으로 미뤄지고 지금은 억지로라도 참아가며 자신의 꿈인지, 부모의 꿈인지 모를 목표를 향해 참고 살아간다면, 시간이 정말 아까울 것 같습니다. 50이 넘어 돌아보니, 시간은 참 빠르게 지나가 버린 것 같은데요. 60이든, 70이든, 90이라도 시간은 빠르게 지나가 버린다고 느끼는 걸 보더라도 삶의 시간표가 마냥 긴 것은 아닌 것 같습니다.

그렇다면, 지금 행복하고, 지금 감사하고, 지금 시도하며 살아야 하지 않을까요? 92세 할머니의 뼈 때리는 인생 조언이라는 영상을본 적이 있습니다. 90세 이상을 살아온 할머니가 가장 아쉽고 억울한 것이 돈도 아니고 사랑도 아니고 의외로 젊었을 때, 많이 놀지 못한 것이라고 말합니다.

태어나는 순서는 있어도 이 세상을 떠나는 순서는 정해져 있지 않습니다. 젊음과 청춘도 그리 길지 않음을, 92세 할머니는 깨달았을 것입니다. 젊었을 때 좀 더 재미있게 살 것을, 젊었을 때 좀 더 행복하게 살 것을 후회하는 영상이었습니다. 돈 때문에, 시간 때문에, 아이들 때문에, 여러 이유로 젊음과 행복을 그냥 흘려보냅니다. 할머니는 말합니다. "젊음도, 행복도 저축하는 것이 아니여! 아끼고 소중하게 모셔 놓기만 해선 아무 의미가 없어." 맞습니다. 행복은 저축하는 것이 아닙니다. 지금 여기서 행복하면 되는 것입니다. 그러니 자녀에게 자유와 지금 행복할 여유를 주는 건 어떨까요? 자녀는 존재 자체로도 충분한 선물이니까 말입니다.

부모가 살아가는 모습에서 보고 배우는 아이들은 부모가 진심으로 행복하게 살아가는지를 분위기로도 파악할 수 있는 것 같습니다. 부모는 행복하지 않으면서 자녀에게 행복하라고 말하는 것은 모순임을 알아차리는 걸까요? 그러니 다른 유산을 물려주려 애쓰는 것보다 부모의 삶에서 보고 배울 수 있는 마인드를 선물로 줄 수 있었으면 좋겠습니다.

부모가 먼저 건강하고, 생각도 정리되고, 긍정적인 사고와 태도를 보이며 좋은 관계 유지하며 살아가는 모습을 보여준다면, 그 자체로 자녀들은 큰 유산을 받은 거나 마찬가지일 것입니다. 그러나 부모도 사람인지라 감정의 찌꺼기들이 있어서 말처럼 쉽지 않습니다.

우리가 집을 정리하고 청소해야 깔끔하고 개운하듯이, 우리 마음도 정리가 필요합니다. 잘 되는 사람들의 집은 정리가 잘 되어 있다는 공통점이 있습니다. 생활방식이나 좋아하는 물건의 종류, 공간의 중요성을 알고 있다는 점도 비슷하다고 합니다. 자신의 역할을 잘하고 있는 물건을 집에 둔다는 점, 좋은 물건을 잘 관리하고 작은 거라도 소중하게 다룬다는 점, 쉽게 사고 쉽게 버리지 않는 태도를 지닌다는 점 등의 특징을 보입니다. 역할이 끝난 물건은 정리하는 습관도 잘 되는 사람들의 행동입니다. 5,000원짜리 액자라도 그 역할을 잘하고 있다면 집안에 둬도 될 가치가 충분하다고 느끼는 것입니다.

이처럼 건강한 마음을 가진 사람들의 공통점도 마음의 찌꺼기들은 바로바로 버린다는 점입니다. 그래서 마음이 정리가 잘 되고 새로운 마음으로 삶을 살아가는 것입니다. 슬픔 감정은 슬픈 감정끼리, 화난 감정은 화난 감정끼리, 분류하고 정리를 하면 자신의 감정을 잘 읽을 수 있을 뿐 아니라, 깨끗한 마음 상태가 되어 주위를 제대로 바라볼 수 있는 시각이 생긴다는 것입니다.

어디부터 정리해야 될지 막막할 때, 우선 알아차림을 통해 마음의 상태를 파악하는 것이 중요합니다. 복잡하게 얽혔다고 풀지 못하는 건 아닙니다. 얽히고설킨 실타래도 인내심을 갖고, 차근차근 풀어가다 보면 잘라낼 것은 끊어내고, 잘 풀 수 있는 것은 자연스럽게 풀리는 걸 봅니다.

우리 마음도 마찬가지입니다. 너무 얽혀 있어서 풀기 힘든 감정은 단번에 잘라내는 것도 필요한 행동입니다. 그래야 새로운 좋은 감정을 들여보낼 자리가 생기니까요. 부모도 아이들과 함께 성장해 가는 과정을 밟는 것 같습니다. 처음부터 부모로 태어난 건 아니라서, 부모 타이틀에 맞는 행동을 다 갖추기는 어렵습니다. 아이를 낳고 육아를 하는 것도 처음 겪는 일이라서, 실수하고 서툰 것은 어쩌면 당연한 일입니다.

하지만 우리는 너무 처음부터 프로가 되려고 해서 힘든 것 같습니다. 처음 하는 일임을 인지하고 그래도 처음치고 잘한다고 생각하면 어떨까요? 부모도 배우는 과정이기 때문에 아이가 커갈수록 부모 나이도 같이 간다고 합니다. 그래서 아이들에게 감사해야 할 일인데요. 나를 부모 되게 해주고, 성장하게 해주니, 얼마나 감사할 일인가요? 이런 고마운 마음을 갖고 아이들에게 대하면, 자녀도 알아차립니다. 부족한 부모지만 애쓰고 계신다는 마음을 말이죠. 자녀에게 긍정 유산과 더불어 책을 사랑하는 습관을 선물해주고 싶습니다.

아이들에게 다양한 삶의 경험을 해주고 싶지만, 여건이 잘 따라주지 않는 현실입니다. 여러 경험을 바탕으로, 이미 겪은 이야기들을 간접적으로 경험할 수 있게 하는 도구가 책이라고 생각하기 때문에, 우리 자녀들이 책을 사랑하길 기대합니다. 하지만 억지로 책을 읽히면 역효과가 나기 마련인데요. 저는 아이들에게 책을 사랑할 수 있도록 여러 방법을 동원해 시도해 보았습니다. 남자아이들은 책보다는 영상과 게임에 그리고 활동적인 것에 관심이 더 많습니다. 물론 남자라서 그런 건 아니겠지만, 우리 집 남자들은 남편부터 책과는 거리가 먼 사람들입니다. 책이 주는 좋은 영향은 많음을 알고 있어서, 내 아이들에게 전해주지 않을 수 없었습니다. 그리고 지금도 노력 중인 상태입니다. 가성비 좋은 책을 통해 공감 능력도 키우고, 다양한 배경지식도 쌓고, 인문학적 소양도 길러진다면 금상첨화일 것입니다. 아이의 성향을 파악해 접근해 보는 시도를 자주 하면 도움이 됩니다.

규칙을 정하면 잘 따르는 둘째에게 책 읽는 훈련을 하기 위해, 일주일에 5일 30분 정도, 3개월간 책을 읽으면 아이가 원하는 것을 들어주기로 했습니다. 그랬더니 목표를 향해 꾸준히 해 나갔습니다. 평일에 못 읽는 날엔 주말에 보충하는 식으로 해서 꼭 지키려고 하는 모습이 기특합니다. 이렇게 3개월간 하다 보면 스스로 습관이형성되리라 믿기 때문에, 잘 선택한 방법이라 생각 듭니다. 자녀에게 긍정적 마인드 시크릿을 가질 수 있도록 하는 것은 그들의 개인적인 공간과 의견을 존중하는 것을 의미합니다. 일상에서 자녀와의 소통은 가장 중요합니다. 자녀에게 마인드 시크릿을 가질 수 있도록 하기 위해 먼저 신뢰 관계를 형성하는 것이 중요한데요. 자녀가 어떤 것이든 안전하게 이야기할 수 있도록 대화를 자주 나누고, 자녀의 의견과 감정을 존중해 주는 겁니다. 규칙적으로 가족 구성원끼리 모여 티 타임이나 간식 시간을 갖고 소소한 이야기라도 자주 나누는 시간을 갖는다면 좀 더 신뢰가 두터워질 것입니다.

가족이지만 자녀만을 위한 공간을 형성해 줄 필요가 있습니다. 자신의 생각과 감정을 자유롭게 표현할 수 있는 공간과 환경을 제공해 줘야 합니다. 자녀가 귀한 만큼 다른 사람도 귀한 존재임을 이해하고 존중하는 기본적인 예의를 갖추도록 알려줘야 합니다. 인터넷과 소셜 미디어의 사용에 대한 올바른 교육도 제공해 줄 필요가 있습니다. 무분별한 사용으로 자녀뿐만 아니라 다른 사람에게도 피해를 주는 행동은 미리 조심시키면 좋습니다. 무엇보다도 자녀들은 부모의 뒷모습을 보고 자란다고 합니다. 보지 않는 것 같지만, 모르는 것 같지만, 자녀들은 부모의 감정조절과 태도, 공감능력과 행동 등을 뚜렷하게 보며 자란다는 사실을 명심해야 합니다.

그러니 자녀에게 좋은 모범이 되는 태도를 선택해 행동하며 지내야 합니다. 자녀 덕분에 부모가 성장한다는 의미가 바로 여기서부터 출발합니다.

부모가 먼저 마인드 시크릿을 유지하며 살아가야 자녀에게 물려 줄 수 있으므로, 자신의 마인드 시크릿을 개선하는 데 노력을 해가야 합니다. 몇 가지 팁을 이야기하면, 첫째, 자기 인식을 향상시키는 것입니다. 자신의 생각, 신념, 가치관을 돌아보고, 어떤 부분에서 개선이 필요한지를 파악합니다. 이를 통해 부정적인 신념이나 생각을 인식하고 긍정적인 방향으로 바꿀 수 있습니다. 둘째, 긍정적인 자기 대화입니다. 부정적인 자기 대화를 긍정적으로 바꾸는 건데요. 자신에 대해 친절하게 격려하는 말을 해주며, 자신을 사랑하고 받아들이는 태도를 갖습니다. 긍정적인 자기 대화를 꾸준히 실천하는 것이 중요합니다.

셋째, 자기 성장을 위한 노력입니다. 독서, 교육, 명상, 운동 등을 통해 자기를 발전시키고 새로운 경험과 지식을 얻습니다. 자기 발전을 위한 목표를 설정하고 그에 따라 행동하는 것이 중요합니다. 넷째, 긍정적인 영향과 교류입니다. 긍정적인 사람들과 교류하고 영향을 주고받습니다. 긍정적인 사람들과 함께 시간을 보내고 영감을 받는 것이 마인드 시크릿 유산을 개선하는 데에 도움이 됩니다. 동시에 부정적인 영향을 주는 사람들과의 거리를 두는 것도 중요합니다.

다섯째, 자기 돌봄과 휴식입니다. 자신을 돌보고 휴식을 취하는 것은 마인드 시크릿 유산을 개선하는 데 필수적입니다. 충분한 휴식과 잠을 자고, 건강한 식단과 운동을 유지하는 것이 관리하는 데 도움이 됩니다. 이러한 방법들을 조합하면서 자신에게 맞는 방법을 찾아가는 것이 중요합니다. 그리고 단시일에 마치겠다는 마음이 아니라 인내심을 갖고 시간이 필요하다는 것을 기억해야 합니다.

마인드 시크릿 유산은 우리 각자가 소유하고 있는 내면의 보물이라고 할 수 있습니다. 이것은 우리의 생각, 신념, 가치관 그리고 경험들로 이루어져 있습니다. 이 유산은 우리가 삶을 살아가는 데 큰 영향을 미치며, 우리의 행동과 선택을 결정짓습니다. 마인드 시크릿 유산은 우리가 어릴 적부터 형성되기 시작합니다. 가족, 교육, 사회적 환경 등이 이를 형성하는 데 영향을 미치며, 우리는 이를 통해 가치관과 신념을 형성하게 됩니다. 예를 들어 자신에 대한 믿음, 성공에 대한 정의, 도전에 대한 태도 등이 모두 마인드 시크릿 유산의 하나입니다. 이 유산은 우리의 삶에 큰 영향을 미치는데요. 우리가 가진 마인드 시크릿 유산이 긍정적이고 건강하다면, 우리는 자신 있게 도전할 수 있으며, 성공을 이룰 수 있습니다.

그러나 부정적이거나 상처를 입은 마인드 시크릿 유산은 우리의

삶을 제한하고, 자신에 대한 불신과 불안을 줄 수 있다는 점입니다. 따라서, 마인드 시크릿 유산을 관리하고 개선하는 것은 매우 중요합니다.

우리는 자기 인식을 높이고, 부정적인 신념을 긍정적인 신념으로 바꾸는 작업을 꾸준히 할 수 있습니다. 이를 위해 자기 성찰과 자기 성장을 추구하며, 긍정적인 영향을 주는 사람들과의 관계를 통해 마인드 시크릿 유산을 풍요롭게 만들어 나갈 수 있습니다. 마인드 시크릿 유산과 책 읽는 습관을 자녀에게 물려줄 수 있다면 살아가면서 큰 자산이 되리라 믿습니다.

Part. 4

창조성과 혁신을 위한 AI 마인드

창의적 사고에 대한 AI 역할

자기계발 책을 300여 권 이상을 읽었습니다. 서점이나 도서관을 가면, 먼저 눈길이 가는 분야가 자기계발에 관한 책들이었는데요. 매번 읽을 때마다 새로운 메시지를 얻을 수 있어서, 계속 읽었던 것 같습니다. 한 번의 훈련으로 습관이 형성된다면 얼마나 좋겠어요? 그러나 우리는 상황에 따라, 기분에 따라, 변할 수 있는 존재인지라 단번에 완성되기는 어렵습니다. 비슷한 것 같지만 전혀 다를 수 있는 내용의 책들을 꾸준히 읽어 온 덕분에 이렇게 책을 출판하게도 된 것 같습니다.

창의성은 새로운 발상의 전환이 필요한 영역입니다. 남들이 생각하지 못한 부분을 생각하고, 남들이 보지 못한 부분을 바라볼 수 있는 눈을 지녀야 창의적인 사고를 하지 않을까요? 때론 전혀 다른 분야의 책을 읽는 시도도 창의적 발상을 위한 좋은 방법이 됩니다.

최근에 그동안 관심 밖이었던 역사에 관한 책들을 읽게 되었는데요. 처음에 읽기까지 잘 읽히지 않아 힘들었습니다. 무슨 내용인지 이해도 잘 안 되고, 관심 없는 분야라 술술 읽히지 않았습니다. 하지만 새로운 시도를 함으로써 사고의 틀을 조금씩 변하게 할 수 있다면 좋은 기회라 생각 들어 열심히 읽었습니다. 계속 읽어 내려갔더니, 역사의 흐름을 알 수 있었고, 스토리를 이해하면서 읽기 전보다 조금이나마 역사 재미를 느낄 수 있었습니다. 눈에 띄게 변한 건 모르겠지만, 뇌 속에서 조금의 변화는 있지 않았을까 싶습니다. 가끔은 이런 새로운 시도가 자극을 줘서 창의성을 키워가는 것 아닐까요?

굳이 그렇게까지 해야 하나요? 얼마 전 신문에서 한 창작자의 인터뷰 기사를 읽었습니다. '굳이?' 라는 생각을 넘어서야 한다고 말합니다. "굳이? 라는 생각에 시도하지 않으면 남들과 똑같은 작품을 만들겠죠. 다른 사람들이 하지 않는 작품을 만들려고 합니다. 그게 바로 창작이니까요." 이 창작자는 버려진 쓰레기로 가구를 만드는 업사이클링 (우리말 표현으로 '새활용' 이다. 기존에 버려지던제품을 단순히 재활용하는 차원에서 더 나아가 새로운 가치를 더해 전혀 다른 제품으로 다시 생산하는 것을 말한다.) 작가입니다. 신발 상자를 벤치로 만들고, 낡은 테니스공으로 옷걸이를 만들고, 햄버거 종이봉투로 조명을 만듭니다.

작가의 작품을 보면 '굳이 그렇게까지 해야 해?' 할 수 있는 버려진 일상의 쓰레기들을 창작활동을 통해 새로운 아이디어로 변신시킵니다. 흔하게 버려진 쓰레기를 굳이 창작해서 뭐 할까? 일반 사람들은 지나쳐버릴 것들에 예술로 덧입혀 창작품을 만들어 냅니다. 그의 작품은 인정받아 유명한 해외 브랜드나 국내 브랜드 업체에서 초청되기도 하는데요.

이처럼 창작은 새로운 시도를 두려워하지 않고 과감하게 실행해 볼 수 있는 자신감에서부터 출발하는 것 같습니다. 창조성과 혁신도 마찬가지입니다. 기존에 있는 것들을, 기존에 생각한 것들을 뒤집어 보고, 굳이 저렇게까지 해야 하나 싶을 만큼 새로운 시도를 해야 합니다. 틀에 박힌 생각과 행동으로는 창의성과 혁신을 뛰어넘기 힘들기 때문입니다.

창의적 사고는 새로운 아이디어를 만들어 내고 문제를 창의적으로 해결하는 능력을 말합니다. 창의적 사고를 하려면 필요한 것들은 무엇일까요? 우선 열린 마음을 가져야 할 것입니다. 자신 생각에만 멈추지 않아야 합니다. 새로운 아이디어나 다른 사람의 의

견

을 수용할 수 있는 개방적인 마음가짐이 필요합니다. 기존의 고정 관념에 얽매이지 않고 새로운 가능성을 탐색하는 태도가 필요합니다.

주변의 사물과 현상에 대해 호기심을 가지고 탐구하는 습관을 기르는 것이 중요합니다. 새로운 지식과 경험을 쌓는 과정에서 창의적인 아이디어가 나올 수 있습니다. 문제를 다양한 관점에서 바라보고 이를 조합해보는 것이 중요합니다. 다른 사람의 시각을 듣고 이해하는 능력을 기르며, 다양한 분야의 지식을 습득하여 문제를 여러 방면으로 접근해 보는 것이 좋습니다. 창의적 사고는 실험과 실패를 통해 발전합니다. 실험적인 접근을 통해 새로운 시도를 해보고, 실패를 통해 배움을 얻을 수 있습니다. 실패를 두려워하지 말고, 그로부터 빠르게 배우고 개선하는 능력을 기르면 도움이 됩니다. 어느 대학에서는 실패했던 순간을 발표함으로써 서로를 격려하고 새로운 아이디어를 발견하기도 한다고 합니다.

창의적 사고는 자율적인 활동이 필요합니다. 자기 조절력을 갖고 목표를 설정하고 계획을 세우며, 주어진 시간과 자원을 효율적으로 활용하는 능력이 필요합니다. 이러한 요소들을 고려하여 창의적인 사고를 발전시킬 수 있습니다. 지속적인 노력과 연습을 통해 창의성을 키우고, 다양한 아이디어를 발견해내는 능력을 올릴 수 있습니다.

평범한 사람도 충분히 창의적인 사람이 될 수 있다고 하는데요. 재미있는 실험을 했습니다. 평범한 사람들로 구성된 2그룹에게 문제를 주고 풀게 했습니다. A그룹에게는 아이디어를 바로 말하게 하고, B그룹에게는 10분 정도 지뢰 게임 같은 걸 하고 풀게 했습니다. 빈둥거릴 시간을 준 겁니다. 그랬더니 결과는 B그룹이 16% 정도 창의력이 높게 나왔다는 사실이었습니다.

우리가 잘 알고 있는 모나리자 작품을 만든 레오나르도 다빈치 이야기도 많은 실패와 기다림의 시간이 있었기에 지금까지 사랑받는 창작품을 만들 수 있었다는 겁니다. 모나리자를 16년에 걸쳐 그렸다고 합니다. 16년간 붓 터치를 하면서 빛의 방향에 대한 이해가 높아지고 그렇게 해서 걸작이 나왔습니다. 이런 사례는 빈둥거림과 실패의 순간에도 멈추지 않는 마음가짐 등이 창의력을 올릴 수 있는 중요한 요소가 될 수 있음을 알 수 있습니다.

창의적 사고에 AI의 역할은 무엇이 있을까요? AI는 대량의 데이터를 분석하고 패턴을 인식하는 능력을 갖추고 있습니다. 이를 활용하여 문제의 복잡한 패턴을 파악하고 새로운 아이디어를 발견할 수 있습니다. 예를 들어, 시장 동향이나 소비자 행동을 분석하여 새로운 제품 개발이나 마케팅 전략을 세울 수 있습니다.

AI는 반복적이고 일시적인 작업을 자동화하여 인간의 노력과 시간을 아낄 수 있습니다. 이를 통해 인간은 창의적 사고에 집중할 수 있게 됩니다. 예를 들어, AI를 활용하여 일상적인 업무를 자동으로 처리하고 그동안에 창의적인 문제해결에 전념할 수 있습니다.

AI는 다른 사람들과의 협업을 촉진하고 피드백을 제공할 수 있습니다. 예를 들어, AI 기반의 협업 도구를 활용하여 여러 명이 함께 아이디어를 공유하고 발전시킬 수 있습니다. 또한 AI는 사용자의 작업을 분석하고 개선점을 제시하여 창의적인 성장을 도울 수 있습니다. AI는 이러한 역할을 함으로써 우리의 창의적인 사고를 지원하고 발전시킬 수 있습니다.

그러나 AI는 여전히 도구일 뿐이며, 인간의 창의성과 상상력을 완전히 대체할 수는 없습니다. 따라서 AI를 효과적으로 활용하면서도 우리 자신의 창의적 사고를 계속해서 발전시키는 것이 중요합니다.

글을 써 가면서 AI의 도움을 받을 수 있었는데요. 질문을 어떻게 하느냐에 따라 AI의 답변은 창의적으로 활용할 수 있을 것 같습니다. 창작자가 정확한 질문을 만들어 내서 AI를 활용했을 때, 도움이 되는 아이디어나 결과물을 만날 수 있습니다. 결국 창작자의 새로운 시도를 통해 AI와 협업할 수 있게 되는데요. 평소에 창의적 사고를 꾸준히 개발해 나간다면 질문의 질도 올라가고 새로운 창작 결과물을 접하게 될 것입니다.

새로운 아이디어 생성을 위한 AI 기법

일상이 특별할 것 없이 비슷하다면 그것 또한 감사할 일이긴 합니다. 하지만 잔잔한 파도에도 물결이 흔들리듯이, 우리의 일상도 잔잔함 속에서 새로운 아이디어는 나올 수 있습니다. 하루가 비슷해 보여도 분명, 하루마다 새롭게 우리의 뇌는 변화되고 있다는 사실입니다. 찰나가 되어 버리는 지금 순간도 뇌는 기억하고 있다는 건데요. 조금씩 사고의 틀을 확장함으로써 우리는 창의적 사고를 하는 사람으로 살아갈 수 있습니다. 그러니 순간에 일들이라도 소중합니다. 매 순간이 새로운 시작이니까요.

어떤 일에 몰입해 본 적이 있으십니까? 어느 것에 방해받지 않고오롯이 한 가지 문제나 주제를 가지고 깊게 생각해 본적 말이죠. 사실 요즘처럼 빠름을 추구하는 시대에 몰입하기는 무척 어려운 일이 될 것 같습니다. 수시로 스마트폰에 알림이 오고, 메일이 쌓이고, 짧은 영상들이 눈길을 사로잡고, AI가 인간의 일을 많이 해주고 있지만, 왠지 우리는 더 바빠지고 있는 느낌이 듭니다. 그리고 짧게나마 몰입하기 쉽지 않습니다. AI가 빠르게 변화되고 있는 지금, 우리는 몰입이 더 필요한 포인트가 될 것입니다.

몰입의 차이에 따라 우리의 뇌는 가난하게 되기도 하지만 100억짜리 뇌를 만들 수 있다는 주장이 의미있게 다가옵니다. 누구나 50시간 동안 한 가지 목표를 가지고 몰입을 하다 보면 기발한 아이디어는 물론이고, 반복적인 몰입의 훈련으로 뇌는 100억짜리 부자의 뇌로 만들 수 있다고 보는 것입니다. 몰입할 때 도파민이 나오게 되어 기분이 좋고 평소하고는 비교가 안 되게 기량이 올라간다고 합니다. 365일 동안 일할 양을 단 하루의 몰입으로 시간을 단축하고, 기발한 아이디어를 만날 수 있게 되는 것입니다.

몰입의 중요성은 다양하게 적용되는데요. 골프를 하거나 피아노 연습을 하거나, 또는 가만히 있을 때도 몰입하는 상황이 되면 훨씬 집중도가 높아지면서 더 큰 퍼포먼스를 낼 수 있게 됩니다. 우리가 직장 생활을 하거나 연애를 할 때도 아이디어가 좋으면 문제 해결 능력은 월등하게 높아질 수 있는 것입니다. 몰입을 통해 어떤 문제를 풀어 해결해 본 사람들이라면 느낄 수 있는 그 쾌감은 잊을 수 없는 것이라고 합니다. 그리고 세상에 못 풀 문제는 없다고 느낄 만큼 자신감이 생기게 된다고 합니다. 왜냐하면 몰입하고 나서 맛보는 쾌감을 또 만나고 싶어 하는 우리의 뇌가 있기 때문입니다. 중독은 좋은 중독 나쁜 중독이 있습니다. 누구나 알듯 좋은 중독은 자신에게 좋은 에너지를 주고 성장할 수 있게 도와줍니다. 하지만 나쁜 중독은 처음엔 즐겁고 기분 좋지만 갈수록 자신을 병들게 하고 깊은 늪으로 빠지게 합니다. 좋은 것에 중독되는 건 처음에 시도부터 힘들 수 있습니다. 하지만 어느 정도 어려운 과정을 이겨내면 큰 기쁨을 느낄 수 있게 됩니다.

중독이 곧 몰입의 과정과 비슷한 것 같습니다. 처음이 조금 힘들고 습관 들이기 어렵지만, 리듬을 타고 스스로 해 나갈 수 있을 때쯤에 만나는 쾌감은 클 것입니다. 사람마다 몰입의 집중 시간은 다를 수 있습니다. 그러나 꾸준하게 몰입하는 훈련을 하게 되면 누구나 몰입의 참맛을 만날 수 있다고 합니다. 즉, 자동몰입 상태가 될 때까지 다소 고통스럽고 힘들더라도 참아낸다면 만날 수 있는 것입니다. 단지 처음부터 너무 어렵다고 생각해서 도전도 해보지 않고 포기하는 안타까운 일은 없었으면 좋겠습니다. 짧더라도 반복적으로 자신의 리듬에 맞게 조율해 간다면 몰입의 맛을 느낄 수 있게 되리라 생각 듭니다.

몰입 상태가 되면 당장 어떤 문제가 싹 해결된다기보다 몰입의 상태를 꾸준하게 반복하면 어느 사이 깜짝 놀랄 만한 해결책을 만나게 될 수 있다는 것입니다. 일상에서 쉽게 몰입하는 방법으로는 첫째, 목표(주제)를 정하기입니다. 둘째, 몸을 편안하게 하고 쉴만한 의자나 소파에 앉기입니다.

셋째, 잡념이 떠오른다고 쫓아내지 말고, 잡념이 떠오를 때마다 알아차리고 그 위에 목표를 얹어놓는 연습을 합니다. 넷째, 졸리면 선잠을 자도 좋습니다. 잠이 들면 기억 인출이 더 잘 될 때가 많습니다. 이런 방법으로 일상에서 수시로 몰입을 연습해 본다면 뇌는 좋은 아이디어와 새로운 창의적인 사고를 보내줄 것입니다.

현대 사회에서 창의적인 아이디어는 혁신과 성공을 이루는 핵심 요소라 할 수 있는데요. AI 기술이 점점 더 아이디어 생성을 돕는 역할을 담당하고 있습니다. AI는 방대한 양의 데이터를 분석하고 패턴을 파악하는 능력을 갖추고 있습니다. 이를 활용하여 과거의 아이디어나 트렌드, 사용자의 취향 등을 분석하여 새로운 아이디어를 생성할 수 있습니다. 예를 들어, 사용자의 검색 기록과 소셜 미디어 활동, 구매 기록 등을 분석하여 해당 사용자의 관심사와 선호도를 파악하고, 이를 기반으로 맞춤형 아이디어를 제공할 수 있습니다.

AI 생성 모델은 텍스트, 이미지, 음성 등 다양한 형태의 데이터를 입력으로 받아 새로운 콘텐츠를 생성할 수 있습니다. 진화 알고리즘은 생물학적 진화 개념을 모방하여 최적의 답을 찾아내는 기법입니다.

AI를 활용한 진화 알고리즘은 아이디어를 개체로 취급하고, 다양한 아이디어들을 조합하고 변형시켜 더 나은 아이디어를 생성합니다. 이를 통해 다양성과 탐색을 지닌 창의적인 아이디어를 생성할 수 있습니다.

그런데 AI가 아이디어를 생성하는 과정에서 인간의 창의성은 필요할까요? 물론입니다. AI가 아이디어를 생성할 수 있지만, 인간의 창의성은 여전히 필요합니다. 비록 AI는 데이터를 분석하고 패턴을 파악하여 새로운 아이디어를 생성할 수 있지만, 인간의 창의성은 독특하고 예측할 수 없는 아이디어를 만들어 내는 데에 중요한 역할을 합니다. 인간의 창의성은 독창성, 상상력, 직관 등 다양한 측면으로 나타날 수 있습니다.

AI는 과거의 데이터를 기반으로 아이디어를 생성하거나 패턴을 따라가는 경향이 있어 새로운 영감과 창의적인 아이디어를 제공하는 데는 한계가 있을 수 있습니다. 따라서 AI와 인간의 창의성을 상호보완적으로 활용하는 것이 가장 효과적일 수 있습니다.

인간은 AI가 제공한 정보를 기반으로 독창적인 아이디어를 생성하고 발전시키는 과정에서 창의성을 발휘할 수 있습니다. 결국, AI는 창의성의 도구로 활용되는 것이지만, 인간의 창의성은 여전히 독특하고 가치 있는 아이디어를 만들어 내는 핵심적인 역할을 하고 있습니다. 따라서 AI를 친구처럼 다정하게 대해 주면서 잘 활용 하면 도움이 됩니다.

AI와 인간의 창의성이 결합하는 사례로는 먼저 AI를 활용하여 음악 작곡을 돕는 경우가 있습니다. AI는 다양한 음악을 분석하고, 음악의 구조와 패턴을 학습하여 새로운 음악을 생성할 수 있습니다. 인간은 이러한 AI가 제공하는 음악을 바탕으로 독창적인 멜로디나 가사, 편곡을 추가하여 완성도 높은 음악 작품을 만들어 냅니다.

AI를 사용하여 예술 작품을 만들 수도 있습니다. AI는 다양한 작품을 분석하고, 스타일이나 특징을 학습하여 새로운 작품을 생성할 수 있습니다. 인간은 이러한 AI가 제공하는 작품을 기반으로 독창적인 아이디어와 예술적 감각을 발휘하여 AI가 생성한 작품을 발전시키거나 새로운 작품을 창조합니다.

AI를 활용하여 제품 디자인을 돕는 경우가 있습니다. AI는 다양한 제품의 디자인 요소와 트렌드를 분석하여 새로운 디자인 아이디어를 제공할 수 있습니다. 인간은 이러한 AI가 제공하는 아이디어를 바탕으로 독창적인 디자인 아이디어를 만들고, AI의 분석 결과를 활용하여 디자인을 개선하거나 완성 시킵니다.

AI를 사용하여 문학 작품을 만들 수 있습니다. AI는 다양한 문학 작품을 분석하고, 문체와 주제를 학습하여 새로운 이야기를 만들어 낼 수 있습니다. 인간은 이러한 AI가 제공하는 이야기를 기반으로 독창적인 설정, 캐릭터, 플롯 등을 추가하여 완성도 높은 문학 작품을 창작합니다. 이러한 예시들은 AI와 인간의 창의성이 상호 작용하여 새로운 아이디어를 발전시키고 창조적인 작품을 만들어 내는 과정을 보여줍니다.

AI는 데이터의 분석과 패턴 인식에 강점이 있으며, 인간은 독창성과 예측 불가능한 아이디어를 창출하는 능력을 발휘합니다. 따라서, 이러한 상호작용을 통해 창의적이고 혁신적인 결과물을 얻을 수 있습니다.

그렇다면 AI와 인간이 함께 일할 때 장단점은 뭐가 있을까요? 장점은 AI는 데이터를 신속하게 분석하고 처리할 수 있으며, 인간의 한계를 넘어 빠르게 작업을 수행할 수 있습니다. 이를 통해 작업의 효율성과 생산성을 올릴 수 있습니다. AI는 학습된 데이터와 모델에 기초하여 일관된 결과를 제공할 수 있습니다. 인간의 실수나 주관적인 영향을 배제하고, 정확하고 일관된 작업을 수행할 수 있습니다.

AI는 방대한 양의 데이터를 처리하고 분석하는 능력을 갖추고 있습니다. 인간이 처리하기 어려운 대용량 데이터를 효율적으로 다룰 수 있으며, 이를 통해 더 깊은 인사이트와 패턴을 발견할 수 있습니다. 일부 작업에서는 인간이 직접 작업할 때 발생할 수 있는 위험을 줄일 수 있습니다. 예를 들어, 위험한 환경에서의 작업에 AI를 활용하여 인간의 안전을 보장할 수 있습니다.

단점은 AI는 데이터와 모델에 의존하여 작업을 수행하므로, 인간의 창의성과 직관적인 판단을 대체하기 어려울 수 있습니다. 특히, 예측이 필요한 독창적인 작업이나 문제해결 과정에서는 인간의 창의성이 필요합니다. AI는 학습 데이터에 기반하여 작업을 수행하므로, 데이터의 품질과 편향성 문제가 발생할 수 있습니다. 이에 따라 윤리적인 문제나 사회적 영향에 대한 고려가 필요합니다. AI는 특정한 기술과 모델에 의존하여 작업을 수행하므로, 해당 기술에 대한 이해와 업데이트가 필요합니다. 또한, AI 시스템의 구축과 유지보수에는 추가적인 비용과 기술적인 노력이 필요할 수 있습니다.

AI는 감정이나 상호작용 측면에서는 인간과는 다른 한계가 있습니다. 인간과의 감정적인 연결과 상호작용은 특정 작업이나 업무에서 중요할 수 있으며, 이를 대체하기 어려울 수 있습니다. 이처럼 AI와 인간의 협업은 각각의 장점을 결합하여 더 나은 결과를 얻을수 있지만, 단점과 제약도 함께 고려해야 합니다. 효율적인 협업을 위해서는 AI의 잠재력을 최대한 발휘하면서도 인간의 독창성, 창의성, 감정적인 요소 등을 적절히 고려하는 것이 중요합니다.

예술, 문학, 음악 등에서의 창작활동

"외로움을 즐길 줄 알아야 예술의 꽃을 피울 수 있어요." 유명한 피아니스트의 메시지가 울림 있게 전달됩니다.

"음악의 꽃을 피우려면 외로운 순간이 있어야 합니다. 계속 음악을 할 수 있는 이유는 그저 음악이 세상에서 가장 아름답다고 생각하기 때문입니다. 그 아름다움을 현실 세계에 꺼내기 위해서는 어려운 일도 해 나가 는 것이 음악가의 사명이라고 생각합니다. 창작활동을 한다는 것은 이처럼 혼자만의 시간을 이겨낼 힘이 있어야 가능한 일입니다."

음악을 하든, 그림을 하든, 글을 쓰든 간에 외로움을 즐길 수 있는 여유가 필요합니다. 관계 맺기가 중요한 이유이기도 하는데요. 관계 맺기는 나로부터 시작됩니다. 나와 관계가 좋으면 타인과의 관계 맺기가 훨씬 부드럽게 이루어지는 걸 보면 알 수 있습니다. 자신과의 관계를 맺기 위해서는 자신을 잘 이해하고, 표현하고, 격려해 주는 노력이 중요하겠지요. 자신을 칭찬하는 것은 좋은 에너지를 얻는 포인트가 되니까 말입니다.

발레리라는 처음에는 군무 (다같이 연기하기)를 합니다. 어느 정도 능숙해지면 솔로 (혼자 연기)가 되어 연기합니다. 솔로 연기가 충분해지면 마지막으로 듀엣 (함께 연기하기)으로 갈 수 있다고 합니다. 운동도 마찬가지입니다. 외로운 자신과의 싸움에서 승리의 맛을 본 사람은 창작활동을 진심으로 즐긴 것입니다. 국가대표 근대 5종 선수는 애초부터 안 되는 건 없다고 말합니다. 애초부터 동양인에게 불리한 스포츠, (펜싱. 승마. 수영. 사격. 크로스컨트리)를 하루 안에 소화하려면 서구인의 신체 능력이 필요하다고 합니다. 그러나 '애초부터' 라는 말을 뛰어넘어 서구인의 훈련량을 넘고, 종목에 대해 더 깊게 공부하고 새벽 6시부터 밤 9시까지 5개 종목을 감독님과 같이 뛰었다고 합니다. 100년이 넘는 올림픽 근대 5종의 역사에 아시아 선수로는 세 번째 메달리스트가 된 이유입니다. 타고날 때부터 자신의 달란트(재능)가 있습니다. 자신의 재능을 일찍부터 찾은 사람도 있지만, 오랜 시간이 지나도 나타나지 않아 헤매는 사람들도 많습니다. '재능충' 이란 말이 있습니다. 자신 재능만 믿고 별다른 노력을 하지 않는 사람들입니다. 타고난 재능도 중요하지만 꾸준한 시도와 실행으로 무언가를 쌓아가는 사람들이 결국엔 좋은 결과를 만나는 것 같습니다. 해보지도 않고 미리 포기해 버리는 실수는 저지르지 않는 것이 좋습니다.

성공과 실패라는 말은 무슨 일을 도전해 본 사람이 얻을 수 있는 단어입니다. 아무것도 시도조차 하지 않는데, 애초부터 성공과 실패는 없겠지요. 진정한 실패는 시도하지 않는 것입니다. 끊임없는 시도의 연장이 좋은 결과를 만날 수 있는 기회입니다.

아이가 태어나서 한 단어를 말하고 한 걸음의 발자국을 내딛기 위해 수많은 시도와 좌절을 실패로 규정할 수 없습니다. 아이는 많은 시도를 하면서 한 단어에서 문장으로 넘어가고, 한 걸음 내딛음에서 한 발짝씩 뛰어다닐 수 있게 됩니다.

처음부터 저절로 이뤄지는 일은 드뭅니다. 작은 시도들도 소중하게 기억해줘야 하는 까닭입니다. 성공의 반대가 실패가 아닙니다. 실패로부터 배우는 지혜가 인생을 단단하게 합니다. 모든 일이 그렇겠지만, 예술 활동과 같은 창작자들은 더 많이 시도하고 실패하며 자신을 단단하게 만들어 가야 하는 것 같습니다.

예술, 문학, 음악 등의 창작활동은 인류의 창조적인 역사를 반영하고 있습니다. 우리의 감정과 생각을 표현하는 중요한 매체인데요. 자신의 아이디어와 열정을 통해 작품을 만들어 내는 활동입니다. 예술에서의 창작활동은 미적인 감각과 창의력을 발휘하여 다양한 형태의 작품을 창조하는 것을 말합니다. 그림, 조각, 건축 등다양한 예술 형식을 통해 예술가는 자신의 감정과 생각을 시각적으로 표현하고, 사회적인 메시지를 전달합니다. 예술가는 자유로운 상상력을 발휘하여 독특하고 아름다운 작품을 창조하는 데 노력합니다.

문학에서의 창작활동은 글을 통해 이야기를 창조하는 것을 의미합니다. 소설, 시, 극본 등의 형식을 통해 작가는 언어의 힘을 이용하여 인물, 사건, 사회적 문제 등을 다루며 독자들에게 감동과 생각의 시간을 제공합니다. 작가는 자신의 관찰, 경험, 상상력을 통해 독특하고 흥미로운 이야기를 창조합니다.

음악에서의 창작활동은 소리와 리듬을 조합하여 멜로디와 하모니를 만들어 내는 것을 의미합니다. 작곡가와 음악가는 악기를 연주하거나 보컬을 통해 자신의 감정과 아이디어를 표현합니다. 음악은 감정을 전달하고, 사랑과 희망 등 인간의 다양한 감정을 표현하는 데 큰 역할을 합니다.

이러한 창작활동은 창조적인 과정과 노력이 필요합니다. 꾸준한 연습과 탐구를 거쳐서 창작품은 탄생됩니다. 창작활동을 시작할 때 가장 어려운 부분은 창작 아이디어를 발견하는 것입니다. 독창적이고 독특한 아이디어를 찾기 위해서는 상상력과 창의력이 필요하며, 이를 발전시키는데 많은 시간과 노력이 필요할 수 있습니다. 창작한 작품을 완성 시키고 정제하는 과정은 매우 중요하지만

동시에 어려운 과정입니다. 작품의 표현이나 구성에 대한 고민과 수정이 필요하며, 이를 위해 지속적인 실험과 수정 작업이 필요합니다.

창작활동을 하다 보면 자기 평가와 자아비판이 불가피하게 등장할 수 있습니다. 작품을 완성하고 선보일 때 자신 작품에 대한 불안감이나 부정적인 생각이 들 수 있습니다. 이런 어려움을 극복하기 위해서는 자기 수용과 성장을 위한 긍정적인 태도를 유지하는 것이 중요합니다.

창작활동은 시간과 에너지를 많이 소모하는 작업입니다. 또한 창작과 일상생활을 조화롭게 이어 나가는 것이 어려울 수 있습니다. 따라서 효율적인 시간 관리와 에너지 관리가 필요하며, 적절한 휴식과 균형을 유지하는 것이 중요합니다.

창작활동을 할 때 다른 사람들의 평가와 대중의 반응을 받는 일도 어려울 수 있습니다. 작품이 기대에 미치지 못한다는 평가나 비난을 받을 수도 있으며, 이에 대한 대처 방법을 갖추는 것이 필

요합니다. 이러한 어려움은 창작활동을 하면서 경험하게 되는 일부분입니다. 인내와 열정, 지속적인 노력을 통해 결과물을 만나는 순간까지 힘을 유지해야 하는 이유입니다.

창작활동을 하다 보면 실패를 할 수도 있습니다. 실패를 기초로 단단하게 활동을 넓혀가기 위해서는 여러 노력이 필요하기도 합니다. 실패를 받아들이고 이를 배움의 기회로 삼을 수 있는 열린 마음을 가지고 있으면 좋습니다. 실패는 단지 다음 시도에서 더 나은 결과를 만들어 낼 수 있는 기회임을 이해하면 도움이 됩니다.

실패 후에는 동기부여가 필요합니다. 처음에 도전하려던 마음을 가다듬고 열정과 목표를 기억해야 합니다. 또한 실패의 원인을 돌아보고 분석해 보는 노력도 필요합니다. 어떤 부분이 실패로 이어졌는지 점검함으로써 다시 시작할 용기가 필요합니다. 창작활동에서 실패를 극복하기 위해서는 계속해서 학습하고 연구하는 것이 중요합니다. 지식과 영감을 충전하는 것은 창작활동에서 성공을 만들어 내는 열쇠입니다. 실패는 누구에게나 일어날 수 있는 일이며, 중요한 것은 그것을 극복하고 다시 일어서는 것입니다. 더 나은 작품을 만들어 내기 위해 계속해서 도전해 보는 것이 멋진 과정이 될 것입니다.

창작활동을 잘하려면 먼저 열정과 흥미를 유지하는 것이 중요합니다. 자신이 좋아하고 관심 있는 분야에 집중하고, 그 분야에 대한 지속적인 학습과 탐구를 통해 열정을 유지해 나가는 것입니다. 열정은 창작에 대한 동기와 에너지를 제공하며, 작품에 진정성과 생동감을 불어넣을 수 있습니다. 창작활동에서는 새로운 시도와 실험이 필요합니다. 다양한 스타일, 기법, 아이디어를 탐색해보고, 새로운 시각과 접근법을 적용해 보는 겁니다.

실패도 포함하여 다양한 경험을 통해 성장하고 발전할 수 있습니다. 창작은 연습을 통해 발전하는 과정입니다. 꾸준한 연습과 지속적인 개선을 통해 기술과 표현력을 상승시키는 것이 중요합니다. 자기만의 독창성과 표현력은 비교 불가한 창작활동임을 이해합니다.

다른 사람들과의 피드백과 협력은 창작활동을 성장시키는 좋은 역할을 합니다. 자신만의 독창성도 좋지만 다른 사람들과의 소통을 통해 얻는 다양한 표현력도 활용하면 더 멋진 작품이 될 수 있습니다. 무엇보다 창작활동을 위해서는 건강한 몸과 마음을 유지하는 것이 최고입니다. 건강해야 일에 집중할 수 있는 에너지가 생기기 때문입니다.

융합형 창조성

따로국밥을 자주 드시나요? 국밥의 하나로 대구의 향토 음식이라고 합니다. 일반적인 국밥과 무엇이 다를까요? 국과 밥을 따로 담아내고 가격도 약간 더 비싸기도 한데요. 옛날 양반들이 국에다 밥을 말아 먹는 것을 천박하게 여겨 따로 주문한 데서 유래했다고 합니다. 비유적 의미도 흥미 있습니다. 원래 함께 있어야 하는 것들이 따로 떨어져 있는 상태를 가리키며. 특정 무리 가운데 어느 하나만 따로 떨어져 있는 상태를 의미하기도 합니다. 수수께끼로도 유행했는데, 따로국밥이 말과 행동이 다른 사람이 먹는 밥이라고 전해 옵니다.

사실 남편과 저는 따로국밥입니다. 뭐든지 잘 맞지 않고 각자 취향이 달라, 자주 부딪힙니다. 혼자일 때 더 빛날 수 있는 서로가 아닐까 생각 들 때가 많습니다. 밥과 국을 차리면 남편은 주로 밥을 국에 말아 먹는데요. 혼자 그렇게 먹는 건 취향이니까 이해를 하겠지만, 직접 국에다 밥을 말아주곤 합니다. 이렇게 먹어야 맛있다면서 말이죠. 순간에 일어난 일이라 그저 먹게 됩니다. 하지만 맛이 있진 않습니다.

상대방의 의견을 배려하지 않고, 자신의 주장만 내세우려는 남편이 종종 불편할 때가 있습니다. 따로국밥은 밥과 국을 따로 먹는 것처럼, 각자 취향에 맞게 따로 먹기도 하고, 말아먹기도 하는 겁니다. 먹는 것부터 상대방의 취향을 배려하고 이해해야 서로가 융합되는 거 아닐까요?

자신만 옳다고 하는 사고방식은 고집이고 아집일 수 있습니다. 내가 싫은 게 상대방은 좋아하는 것일 수도 있고, 내가 잘하는 것을 상대방이 잘하지 못할 수도 있음을 이해하는 것, 그리고 인정하는 것부터 융합적인 창조성은 시작됩니다. 아는 친구가 자기 남편과 사주를 봤는데, 서로 비빔밥 같은 사이라고 했다는 말을 전하였습니다. 둘은 혼자일 때보다 함께 비비고 섞여야 더 맛있는 비빔밥처럼, 어울려질 때 더 빛나는 부부인 것 같다면서요.

사람들 간의 조화도 마치 비빔밥과 따로국밥 같은 경우가 많을 것 같습니다. 둘 다 맛있는 음식이지만, 누군가는 싫어할 수도 있고, 누군가는 아주 맛있게 먹는 비법을 가지고 있기도 할 테니까 말입니다. 남편은 MBTI가 ESTP이고, 저는 INFJ입니다. 어쩌면 이렇게 하나도 같은 성향이 없는 걸까요? 정말 따로국밥 같은 사이입니다. 결혼한 지 20년이 넘었습니다. 서로 다른 둘이 지금까지 남들이 보기엔 꽤 행복한 부부로 살아온 배경은 무엇일까요? 저는 융합형 창조성을 발휘하며 살아왔다고 생각합니다. 한 친구는 이렇게 말합니다. 둘이 서로 달라 긴장 있는 생활을 할 수 있어서 지금까지 온 거라고 말입니다.

융합형 창조성은 새로움입니다. 새롭다는 건 설렘입니다. 그리고 약간의 긴장이 함께 합니다. 융합형 창조성은 다양한 분야나 요소를 결합하여 새로운 아이디어나 솔루션을 창출하는 창의적인 능력을 말합니다. 다양한 지식과 기술, 관점, 경험 등을 융합하여 새로운 가치를 창출하는 것을 의미합니다.

결혼 생활이 곧 융합하며 창의적인 해결점을 찾아가는 과정이라고 생각하는데요. 30년을 각자 다른 문화와 경험 등을 하고 만나 새로운 가정을 만들어 가는 동안 필요한 요소가 융합형 창조성입니다. 처음엔 잘 보이지 않는 상대방의 단점이나 나와 다른 점들이 뚜렷하게 보이기 시작합니다. 일상을 공유하며 살아가는 부부에게 나타나는 서로의 단점은 상당히 불편할 때가 많습니다. 그렇다고내 마음대로 바꿔 놓을 수도 없으니, 서로가 조화롭게 맞춰 나가야 하는 것입니다. 인내심이 필요한데요. 단점이 어느새 강점으로 느껴질 때를 만난다면 새로운 가정의 문화를 찾을 수 있게 됩니다. 성향이 아주 다른 저희 부부도 서로를 인정하며 인내심을 가지고 달려왔기에 지금 새로운 문화를 만들며 살아가는 것 같습니다. 남편은 요리를 잘하고, 깔끔해서 청소도 잘 도와주고, 가끔 재미있는 말과 행동으로 즐거움을 주려고 노력하는 성향입니다. 제가 바라는 남편상과 딱 맞지는 않지만, 남편만의 매력을 찾아 강점으로 바라보게 되었습니다.

단점이 강점으로 바뀌는 순간, 둘 사이는 새로운 시각으로 바라볼 수 있게 됩니다. 서로를, 세상을 말입니다. 내가 가지지 못한 강점을 상대방이 가지고 있음을 발견하고, 격려하면 새로운 아이디어나 에너지가 나옵니다.

융합형 창조성이 중요한 이유는 살다 보면 여러 분야에서 다양한 문제를 해결해야 할 때가 있습니다. 단편적인 해결책으로 풀리지 않는 문제를 융합적인 접근을 통해 다양한 분야의 지식과 기술을 융합하여 복잡한 문제에 대한 창의적인 해결책을 찾아낼 수 있습니다.

융합형 창조성은 새로운 아이디어와 혁신을 발휘하여 가정에서, 사회에서 경쟁력을 올릴 수 있습니다. 융합적인 환경은 다양한 배경과 관점을 가진 사람들이 만나고 협력하며 창의적인 아이디어를 생산할 수 있는 기회를 제공합니다. 이는 창의성을 유발하고 혁신적인 사고를 하는 데 도움이 됩니다.

융합형 창조성을 키우려면 어떻게 하면 좋을까요? 평소 자기가 좋아하는 분야가 아니더라도 다른 분야에 대한 지식과 관심을 가지고 책이나 영상, 강연 등을 통해 배우는 겁니다. 다양한 지식을 습득하면서 관점을 넓히고 새로운 아이디어를 발굴할 수 있습니다. 다른 분야의 전문가나 창의적인 사람들과 교류하고 협업하는 기회를 찾아 적극적으로 참여하는 것입니다. 또한 다양한 문제에 대해 창의적인 해결책을 찾아봅니다. 브레인스토밍, 아이디어 스케치, 디자인 씽킹 등의 방법을 활용하여 새로운 아이디어를 만들어 낼 수 있습니다.

새로운 시도와 실험을 통해 더 나은 방향을 찾을 수 있습니다. 실패를 두려워하지 말고 실패에서 배우며 성장할 수 있는 긍정적인 태도를 지니는 것이 중요합니다.

예술, 문화, 과학, 기술 등 다양한 영감을 주는 자극을 받습니다. 전시회나 공연, 영화, 새로운 기술 동향 등을 적극적으로 탐색하고 영감을 얻는 것이 융합형 창조성을 키우는 데 도움이 됩니다. 이러한 융합형 창조성은 지속적인 학습과 개발을 요구합니다. 새로운 도전과 학습 기회를 끊임없이 찾고 자기 계발에 힘쓰는 것이 좋습니다. 독서도 좋고, 강좌나 세미나 등을 통해 계속해서 업데이트된 지식과 기술을 습득해 두는 겁니다. 중요한 것은 개방적인 마인드셋과 탐색적인 자세를 갖고 다양한 경험과 지식을 결합하여 새로운 아이디어를 발전시키는 것입니다.

융합형 창조성은 시간과 노력이 필요한 과정이지만, 지속적인 노력과 열정으로 발전시킬 수 있는 능력입니다. 그렇다면 AI와 접목해서 융합형 창조성을 키우는 방법은 무엇이 있을까요?

AI 기술에 대한 이해를 높이고, 다양한 AI 도구와 플랫폼을 활용하여 문제해결과 창의적인 아이디어 발굴에 활용합니다. 예를 들어, 데이터 분석, 예측 모델링, 이미지 인식 등의 AI 기술을 활용하여 새로운 아이디어를 발전시킬 수 있습니다.

AI 시스템이나 인공지능 알고리즘과 협업하여 문제해결에 활용합니다. AI 기술을 활용하여 자동화된 작업을 처리하고, 인공지능 알고리즘을 활용하여 데이터 분석이나 예측을 수행함으로써 시간과 노력을 절약하고 창의적인 사고에 집중할 수 있습니다.

AI 기술을 활용하여 큰 데이터 셋을 분석하고 트렌드를 파악하는 등의 작업을 수행하여 새로운 아이디어를 발굴할 수 있습니다. AI가 제공하는 다양한 도구와 알고리즘을 활용하여 아이디어 생성을 돕는 것이 가능합니다.

AI 기술을 활용하여 창의적인 제품 또는 서비스를 개발할 수 있습니다. 예를 들어, 음성 인식 기술과 로봇 공학을 결합한 스마트 홈 시스템, AI 기반의 예술 작품 생성 등의 분야에서 AI와의 융합적인 창의성을 발휘할 수 있습니다.

AI를 활용하여 다양한 분야의 전문가들을 연결하고 협업할 수 있는 플랫폼을 개발하거나 활용합니다. AI 기술을 활용한 온라인 협업 도구나 아이디어 공유 플랫폼을 활용하여 다양한 사람들과의 네트워킹과 아이디어 공유를 촉진할 수 있습니다.

이러한 방법들을 활용하여 AI와 융합형 창조성을 키울 수 있습니다. AI는 다양한 분야에서 창의성을 촉진하고 혁신을 도모하는 강력한 도구로 활용될 수 있으며, AI와의 융합은 창의적인 아이디어와 솔루션의 발굴을 더욱 풍부하게 만들어 줄 수 있습니다.

메타언어의 주인

우리는 종종 생각의 오류를 가지고 세상을 바라볼 때가 있습니다. 자신이 정해 놓은 선에서 조금만 벗어나면, 불안해하고 더 이상 생각이 확장되지 않습니다. 세상은 언어를 매체로 활용해 신나게 놀 수 있는 창작 놀이터인데 말입니다. 선을 넘을 수 있는 용기가 필요합니다. 처음 넘기가 어려워 그렇지, 한번 넘어보면 다음은 훨씬 쉽게 뛰어넘을 수 있습니다.

아는 만큼 보이고, 아는 만큼 언어를 사용하며 자신의 선을 긋고 살아가는 우리입니다. 그 사람이 사용하는 언어의 양과 단어들을 보면, 여러 가지를 파악할 수 있다고 합니다. 지식수준, 가치관,

부자인지 가난한지도 알 수 있다고 합니다.

따뜻한 말 한마디가 누군가에겐 큰 힘이 되어 줍니다. 살아가는 과정에서 맺게 되는 여러 관계 속에서 상처받지 않고 상처 주지 않으려면 말을 잘 사용해야 하는 것 같습니다. 말 한마디에 천 냥 빚을 갚는다는 옛말이 전혀 틀리지 않습니다. 따뜻한 말 한마디가 사람을 살리고, 가정을 살리고 세상을 살릴 수 있는 중요한 도구입니다.

의대생일 때 정신병원에 입원한 적이 있던 아들은, 아버지께서 해주신 따뜻한 말 한마디 덕분에 기운 내고 다시 일어설 수 있었다고 고백합니다.

"넌 반드시 큰 인물이 될 거야." 아버지의 말처럼 아들은 유명한 의학박사가 되었습니다.

말은 씨 뿌린 대로 열매가 열리나 봅니다. 그러니 입에서 어떤 말의 씨를 뿌리면 좋은지 생각해 봐야 합니다. 내가 뱉어내는 말의 주인은 나이기 때문에 책임감 있고 신중하게 언어를 선택하여 말하는 것이 필요합니다.

사람마다 말투가 다르고 사용하는 단어가 다릅니다. 말은 그 사람의 인격과 성공을 보여주는 중요한 매체입니다. 무심코 내뱉은 한마디에도 그 사람이 어떤 사람인지 들여다볼 수 있습니다. 언어는 자신을 비추는 거울이기 때문입니다.

천박한 언어를 사용하는 사람이 얼굴을 거울에 비추어 봤을 때, 어떤 표정일지 떠올려봅니다. 품격 있는 언어를 사용하는 사람의 얼굴은 잘생기고, 못 생기고를 떠나 빛이 나는 사람일 것입니다. 언어를 바꾸면 곧 내가 바뀌는 원리인데요. 말은 세상을 창조하는 힘이 있기 때문입니다. 사용하는 언어가 풍부하면 세상을 넓게 바라볼 뿐만 아니라 세상에 없는 새로움을 창조해 낼 수 있습니다. 성공한 사람들은 성공해서 행복한 것이 아니라, 지금 재미있고 행복해서 성공한 것입니다. 지금 당장 좋은 에너지를 나누는 단어를 사용한다면 자신도 좋고 만나는 사람들도 행복해지는 일입니다. 부정어보다는 긍정언어를 사용하도록 노력하고, 한탄의 언어보다 감탄의 언어를 사용하는 것이 행복합니다.

메타언어는 무슨 의미일까요? AI 시대를 살아가는 요즘, 메타언어를 이해하고 사용할 수 있다면 더 폭넓은 세상을 볼 수 있을 것 같은데요. 메타언어(meta language)에서 메타는 초월을 뜻합니다. 즉 초 언어라는 뜻인 메타언어는 컴퓨터 프로그램 언어의 구문 규칙을 기술하기 위해 사용되는 언어입니다. 언어를 분석하는 언어라고 할 수 있습니다.

메타언어를 이해하기 위해 대상언어를 알면 좋은데요. 대상언어는 원시 언어로, 사물에 대해 말할 때, 사용되는 보통의 언어체계를 말합니다. 예를 들어, "이 사과는 빨갛다." 라고 말하면, 이것은 대상을 직접 서술한 언어이므로 대상언어입니다. 그러나 "그 말은 이사과의 실제의 색깔을 나타낸 말이다." 고 말하면 이것은 메타언어 입니다.

메타언어는 커뮤니케이션에서 더 깊은 이해와 효과를 위한 도구로 사용됩니다. 메타언어를 사용하면 상대방의 의도와 요구를 더 잘 파악할 수 있습니다. 예를 들어, 누군가가 더 빨리 일해야 한다고 말한다면, 이 말에는 다양한 메타언어가 담겨 있을 수 있습니다. 그 사람은 시간에 대한 압박을 느낄 수도 있고, 효율성을 중요시하는지도 모릅니다. 따라서 이 말에 반응할 때 상대방의 메타언어를 고려하여 어떻게 대응해야 하는지 판단할 필요가 있습니다.

또한 비언어적 메타언어도 중요한 역할을 합니다. 자세나 제스처, 눈의 표정 등은 대화 상대방의 의미를 보충하고 이해하는 데 도움을 줍니다. 예를 들어, 눈을 크게 뜨고 손을 흔들면 "빨리 와!" 라는 메시지를 빠르게 전달할 수 있습니다.

또한, 메타언어는 상황에 따라 언어의 사용을 조절하는 데도 도움을 줍니다. 상대방의 감정을 고려하여 언어를 선택하고 톤을 조절함으로써 상호 간의 긍정적인 상호작용을 촉진할 수 있습니다. 예를 들어, 상대방이 슬픔을 표현할 때는 공감의 표현을 사용하고, 기쁨을 표현할 때는 축하와 기쁨을 나타내는 언어를 사용할 수 있습니다.

말에는 생명을 부여하는 능력도 있지만, 동시에 창조와 파괴의 능력도 있습니다. 지혜로운 사람은 언어의 의미를 깊이 이해해 생명의 언어인지, 죽음의 언어인지 자세히 살펴볼 줄 압니다. 이처럼 자신을 틀에서 벗어나게 해주는 언어기술을 '메타언어 모델'이라고 부릅니다.

메타언어 모델은 자신 또는 타인의 말 뒤에 숨겨진 의미를 더 잘 들여다볼 수 있게 하고, 신속하게 자신의 사고나 논리에 숨겨진 맹점을 발견하게 합니다. 이런 메타언어를 사용할 때는 다음과 같은 원칙을 준수하면 좋은데요.

첫 번째 원칙은 상대방의 신뢰 얻기입니다. 모든 소통은 신뢰를 전제로 이루어져야 합니다. 늦은 밤 퇴근한 남편에게 "왜 이렇게 늦었어요?" 아내가 말합니다. 서로 신뢰가 있는 부부라면 남편은 "여보, 아직 안 잤어요? 나 때문에 괜히 당신까지 피곤하겠어요." 라고 대답할 것입니다. 하지만 신뢰가 없는 가정의 남편은 "당신 또 나 의심하는 거야? 나 진짜 야근하고 온 거야."라며 화나는 말투로 대답할 것입니다. 메타언어를 사용해서 타인을 도울 때, 상대방이 우리에 대한 신뢰가 없거나 얕다면, 아무리 좋은 기술도 소용이 없게 됩니다.

두 번째 원칙은 언제나 상대방을 정답의 자리에 두기입니다. 사람은 언제나 자신이 옳다는 것을 증명하고 싶어 합니다. 그건 상대방도 마찬가지입니다. 그러니 절대 상대를 오답의 자리에 두지 말아야 합니다. 상대방이 틀렸다고 생각하는 순간, 아무리 선량하고 아무리 진정성 있는 말을 한다고 해도 상대방은 적대적으로 대하기 때문입니다.

세 번째 원칙은 미리 틀을 세우기입니다. 틀을 세우는 것은 말하기 전에 범위를 미리 설정하는 것입니다. 소통할 때, 우리는 상대방의 구역에 들어가야 할 때도 있고, 예리한 질문이나 상대방이 기분 나빠 할 질문을 해야 할 때도 있습니다. 이럴 때 틀을 미리 세워 뒀느냐가 굉장히 중요합니다. 예를 들어, "당신에게 질문을 하나 하고 싶은데, 이 질문이 다소 예리할 수도 있고, 받아들이기 어려울 수도 있습니다. 제가 질문해도 되겠습니까?" 이처럼 메타언어를 사용하기 전에 미리 틀을 세워 말하면, 상대방이 별 트집을 잡을 수 없게 됩니다.

네 번째 원칙은 결정권은 상대방에게 있다는 것을 인정하기입니다. 사람들은 일반적으로 다른 사람의 결정에 반항하며, 직접 선택하고 결정하는 것을 좋아합니다. 따라서 사람들과 소통할 때 결정권을 상대방에게 넘겨주는 것입니다. 그러면 상대방은 자신이 내린 결정을 마음 편하게 받아들이고 자신의 약속에 책임을 지고 적극적으로 실천할 것입니다.

그럼 메타언어를 사용하는 이유는 무엇일까요? 메타언어를 사용하여 언어의 구조와 의미를 분석하고 이해할 수 있습니다. 메타언어는 언어를 설명하는 도구로 활용되어, 언어의 특성을 명확하게 파악하고 해석할 수 있습니다. 또한 메타언어는 언어의 표준화와 통일성을 유지하는 데 도움을 줍니다. 언어의 규칙과 구조를 명시적으로 설명함으로써, 언어 사용자들 간에 일관성 있는 이해와 의사소통을 가능하게 합니다.

메타언어는 프로그래밍 언어의 문법과 구조를 정의하는 데 사용됩니다. 프로그래밍 언어의 문법을 메타언어로 기술하면, 컴퓨터가 해당 언어를 이해하고 해석하는 데 도움이 됩니다. 메타언어를 사용하여 언어를 확장하고 발전시킬 수 있습니다. 새로운 개념이나 기능을 언어에 추가하거나, 기존 언어의 한계를 극복하기 위해 메타언어를 활용할 수 있습니다.

메타언어가 사용되는 예로는 언어학을 들 수 있습니다. '단어'라는 메타언어를 사용하여 언어에서의 '단어'의 의미와 특성을 설명할 수 있습니다. 프로그래밍 언어의 문법을 메타언어로 정의하여, 프로그램을 작성하고 실행하는 데 사용됩니다. 예를 들어, XML이나 JSON과 같은 메타언어를 사용하여 데이터를 표현하고 교환할 수 있습니다.

자연어 처리에서 메타언어는 언어의 구문 분석이나 의미 해석을 위해 사용될 수 있습니다. 예를 들어, 구문분석 트리를 생성하기 위해 메타언어를 사용할 수 있습니다.

데이터베이스에서 메타언어는 데이터 구조와 스키마를 정의하는 데 사용됩니다. 데이터베이스 테이블이나 필드의 속성을 메타언어로 기술하여 데이터의 구조와 제약 조건을 명시할 수 있습니다. 이러한 예시를 통해 메타언어의 활용 범위와 중요성을 알 수 있습니다. 메타언어를 사용함으로써 언어를 더욱 효과적으로 이해하고 개발할 수 있으며, 다양한 분야에서 유용하게 활용될 수 있습니다.

아래는 일부 알려진 메타언어의 예시입니다. XML(eXtensible Markup Language): 데이터를 구조화하고 표현하기 위한 메타언어로, 다른 언어에서 사용할 수 있는 범용적인 형식으로 데이터를 기술합니다. JSON(JavaScript Object Notation): 데이터 교환을 위한 경량화된 형식으로, 자바스크립트에서 사용되는 객체 표기법을 기반으로 합니다. HTML(Hypertext Markup Language): 웹 페이지를 구성하기 위한 메타언어로, 문서의 구조와 내용을 기술하여 웹 브라우저에서 해석되고 표시됩니다. SQL(Structured Query Language): 데이터베이스 관리 시스템에서 데이터 조작, 조회, 정의 등을 위한 메타언어로, 데이터베이스와 상호작용하는 데 사용됩니다.

UML(Unified Modeling Language): 소프트웨어 시스템을 모델 링하고 설계하기 위한 메타언어로, 다이어그램을 통해 시스템의 구조와 행위를 표현합니다. BNF(Backus-Naur Form): 프로그래밍 언어의 문법을 기술하기 위한 메타언어로, 문법 규칙을 정의하고 파싱하는 데 사용됩니다. RDF(Resource Description Framework): 웹상의 정보를 기술하기 위한 메타언어로, 리소스와 리소스 간의 관계를 표현하는 데 사용됩니다. 이 외에도 많은 메타언어가 존재하며, 각각의 메타언어는 특정한 영역이나 목적에 맞게 사용됩니다. 메타언어의 종류와 특징을 이해하면, 다양한 분야에서 메타언어를 활용하여 효과적인 모델링 및 데이터 표현이나 문법 정의 등을 할 수 있습니다.

Part. 5

에모션 인텔리전스(Emotional Intelligence)와 감정 지능

에모션 인텔리전스로 마음 읽기

근사록에 "윗사람과 아랫사람에게 책임을 전가하고 자신에게는 관대한 사람에게 어찌 일을 맡기겠느냐?" 라는 이야기가 있습니다. 자기 긍정은 강한데 유난히 남에게 부정적인 사람들이 있습니다. 자기 눈에 대들보는 못 보면서, 남의 눈에 티는 잘 보는 사람은 남 탓이 생활화되어 있습니다. 무슨 일을 만나든, 어떤 결과가 나든 간에 자신에겐 관대하면서 남을 탓하는 유형의 사람들은 관계 맺기가 어려운 것 같습니다. 자신을 먼저 잘 돌보는 사람은 남에게 관대할 수 있습니다. 그러나 자신을 잘 돌보지 못하는 사람은 자기보다 남을 주시하며 부정적인 시선으로 바라보게 됩니다.

자기 긍정과 타인 긍정이 조화롭게 이루어지면 매력 있는 사람이 될 수있는데요.

요즘 리더는 머리가 좋아서도, 돈이 많아서도 아닌 매력 자산이 높은 사람입니다. 사람들이 매력에 이끌려 스스로 잘 따르게 하는 것이 요즘 리더의 요건입니다. 즉 관계 맺기를 잘하는 사람은 매력 자산이 풍부합니다.

자기 돌봄은 먼저 자신의 감정을 이해하고 표현하는 것부터 시작되는데요. 감정 지능이 어느 정도 높아야 상대방을 이해하고 타인을 긍정적으로 바라볼 수 있게 됩니다.

에모션 인텔리전스가 곧 감정 지능입니다. 감정 지능은 개인이 자신의 감정과 타인의 감정을 인식하고 이해하는 능력을 말합니다. 감정을 효과적으로 표현하고 관리하는 능력이 필요합니다. 사회적 상호작용을 원활하게 할 뿐 아니라 대인 관계나 리더십 등 다양한 분야에서 중요한 역할을 합니다. 즉 좀 더 풍요로운 인간관계를 형성할 수 있게 도와주는 요소가 감정 지능입니다.

살아가는 관계에서 어쩜 가장 중요한 것이 의사소통이 아닐까 생각합니다. 돈이 아무리 많아도, 지위가 아무리 높아도, 소통이 원활하지 못하다면 조화로운 삶을 살아가기 힘들 것 같은데요. 그래서 자신의 감정을 일찍부터 다룰 줄 아는 습관이 중요합니다.

감정 지능도 습관과 훈련을 통해 충분히 바뀔 수 있다는 연구가 매우 희망적입니다. 감정을 관리하고 조절하는 능력을 통해 우리는 감정적으로 안정되고 건강한 상태를 유지할 수 있습니다. 그렇다면 긍정적인 감정 언어와 부정적 감정 언어는 무엇이 있을까요? 그리고 부정적 감정을 긍정적으로 바꾸려면 어떻게 하면 좋을까요?

긍정적인 감정을 표현하는 언어는 우리의 기분과 태도를 밝고 긍정적으로 나타내는 말이나 표현입니다. 이러한 언어는 자신과 주변 사람들에게 긍정적인 영향을 주며, 삶의 질을 올리고 희망과 행복을 느끼게 합니다. 긍정적 감정 언어는 다양한 형태로 표현될 수 있는데요. 예를 들면, 〈정말 멋져요. 고마워요, 정말 감사해요. 기분이 너무 좋아요. 행운이 따라주길 바라요. 행복하고 의미 있는 하루였어요. 자신감을 가지고 도전해 보세요. 긍정적인 생각으로 문제를 해결해 봐요. 미소를 머금고 앞으로 나아가요. 희망을 안고 나아가요. 모든 일에 감사하며 즐겁게 살아요.〉 이러한 긍정적인 감정 언어는 자신 내면을 긍정적으로 가꾸고, 주변 사람들과의 상호작용에서도 긍정적인 영향을 주어 좋은 관계를 형성할 수 있습니다. 여러분은 어떤 긍정적인 감정 언어를 사용하고 있으신가요?

부정적인 감정을 표현하는 언어는 우리의 불편함, 불만, 슬픔 등을 나타내는 말이나 표현입니다. 이러한 언어는 때로는 우리의 감정을 표출하고 해소하는 역할을 할 수 있지만, 지나치게 사용하면 마음을 어둡게 만들 수 있습니다. 부정적 감정 언어도 다양한 형태로 표현될 수 있는데요. 예를 들면, 〈실망스러워요. 화가 나서 짜증이 난다. 슬퍼서 가슴이 아파. 힘들어서 죽겠다. 불안해서 안정될 수 없어. 실수해서 자책하고 후회한다. 의기소침하고 좌절된다. 스트레스 때문에 힘들게 느껴진다. 우울해서 아무런 희망이 없어. 자신감이 떨어져. 자존감이 흔들려.〉 이러한 부정적인 감정 언어를 사용할 때는 주의가 필요합니다. 때로는 감정을 표출하고 공감을 얻으며 해소하는 것이 중요하지만, 지나치게 부정적인 언어를 사용하면 우리 자신과 주변 사람들에게도 나쁜 영향을 줄 수 있습니다.

부정적인 감정을 표현할 때는 상황을 이해하고 조절하며, 긍정적인 시각과 해결책을 찾아보는 것이 좋습니다. 부정적인 감정 언어를 긍정적인 감정 언어로 바꾸는 것은 자신의 마음을 긍정적인 것으로 전환하고 긍정적인 에너지를 유지하는 데 도움이 됩니다. 부정적인 감정을 표현하는 단어와 구절을 긍정적인 것으로 대체해 보는 것입니다. 예를 들어, “난 실패했어.” 대신 “이번에 배움의 기회를 얻었어.” 라고 말하거나, “나는 이런 것도 못하는 사람이야” 대신 “나는 더 발전할 수 있는 능력을 지니고 있어” 라고 말할 수 있습니다.

부정적인 감정에 빠지지 않도록 주변에 긍정적인 요소에 집중하고, 긍정적인 사건이나 성취했던 순간 또는 인상적인 순간들을 기억하며 시선을 긍정적으로 유지하는 것이 중요합니다. 부정적인 감정에 사로잡힐 때, 주변에 있는 감사할 만한 것들을 찾아봅니다. 작은 것이라도 감사할 점을 찾고 거기에 집중하는 겁니다. 감사하는 마음은 긍정적인 감정을 유지하는 데 큰 도움이 됩니다. 부정적인 자기 대화를 긍정적인 자기 대화로 바꾸는 연습도 필요한데요. 자신에게 격려와 지지의 말을 건네며 긍정적인 에너지를 유지합니다. 또한 부정적인 감정을 극복하는 데에 도움이 되는 활동과 취미를 찾아봅니다.

자신을 기쁘게 하고 행복하게 만들어 주는 것들에 시간과 노력을 투자하면 부정적인 감정이 긍정적으로 바뀌게 됩니다. 충분한 휴식과 수면, 균형 잡힌 식습관을 유지하는 것도 중요합니다. 자기 관리와 스트레스 관리에 신경을 쓰면 부정적인 감정을 극복하고 긍정적인 상태를 유지할 수 있습니다. 이러한 방법들은 생활에 적용하면 부정적인 감정 언어를 긍정적인 감정 언어로 바꾸는 데 도움이 됩니다. 꾸준하게 실천하며 긍정적인 변화를 만들어내는 것이 중요합니다.

우리 아이들에게 어릴 때부터 이런 감정 언어를 표현할 수 있도록 도와주면 좋을 것 같은데요. 아이들이 감정 언어를 표현하는 데 도움이 되는 방법 몇 가지를 소개합니다. 첫째, 감정에 이름 붙이기입니다. 아이에게 감정의 이름과 의미를 알려주는 것이 중요합니다. 행복, 슬픔, 화남, 놀라움 등 다양한 감정의 이름을 이름으로 구별하고 설명해주면 아이들은 자신의 감정을 더 잘 이해하고 표현할 수 있습니다. 인사이드 아웃(INSIDE OUT) 애니메이션 영화를 인상 깊게 보았던 기억이 납니다. 감정에 이름이 있는 캐릭터들이 나오는데요. 아이들과 함께 보며 이야기 나누는 것도 감정을 이해하는 데 도움이 될 것 같습니다.

둘째, 그림이나 이미지를 활용하기입니다. 아이들은 감정을 그림으로 나타내는 것을 좋아합니다. 그림이나 이미지를 활용하여 아이의 감정을 시각적으로 표현하고 이해할 수 있도록 도와주는 겁니다. 감정 표정이나 캐릭터를 사용하여 아이의 감정을 나타내는 게임이나 활동을 함께해 보는 것도 좋은 방법입니다. 셋째, 이야기나 노래로 감정 표현하기입니다. 아이들은 이야기나 노래를 통해 감정을 표현하는 것을 즐깁니다. 감정에 관련된 이야기나 노래를 함께 나누면서 아이가 감정을 자유롭게 표현할 수 있도록 도와줍니다.

넷째, 감정을 허용하고 이해하기입니다. 아이가 부정적인 감정을 표현하거나 어려움을 겪을 때, 그들의 감정을 허용하고 이해해주는 것이 중요합니다. 아이가 감정을 표현하면서 자신을 표현하고 이해받을 수 있다는 것을 느끼게 해줍니다. 다섯째, 언어적 지원제공하기입니다. 아이가 감정을 표현하는 데 어려움을 겪을 수 있으므로, 언어적인 지원을 제공해 줍니다. 감정을 표현하는 데 도움이 되는 단어나 구절을 적절하게 알려주고, 아이의 감정을 이해하고 공감하는 태도를 보여줍니다. 아이들은 감정 언어를 표현하는 과정을 통해 자신을 이해하고 타인과 소통하는 능력을 키울 수 있습니다. 이러한 과정에서 아이들의 감정을 존중하고 지원해주는 것이 중요하며, 아이와 소통하면서 자연스럽게 감정 언어를 활용할 수 있도록 도와주면 좋습니다.

감정 지능이 높으면 여러 가지 좋은 이유가 있습니다. 먼저 감정 지능이 높은 사람은 자신의 감정을 인식하고 이해하는 능력이 뛰어나며, 그에 따른 조절이 가능합니다. 자기 인식을 통해 자신의 감정에 대해 더 많은 통찰력을 가지고, 부정적인 감정을 긍정적으로 전환하거나 긍정적인 감정을 유지할 수 있습니다.

감정 지능이 높은 사람은 타인의 감정을 인식하고 이해하는 능력이 뛰어나며, 이를 바탕으로 타인과의 관계를 형성하고 유지할 수 있습니다. 타인의 감정을 공감하고 이해하는 것은 좋은 대인관계를 형성하고 효과적인 소통을 할 수 있는 기반이 됩니다.

감정 지능이 높은 사람은 감정과 이성을 조화롭게 사용하여 문제를 해결하고 의사결정을 내릴 수 있습니다. 감정적인 측면과 논리적인 측면을 함께 고려하며, 상황에 적합한 결정을 내릴 수 있습니다. 감정 지능이 높은 사람은 스트레스를 관리하고 자기 웰빙을 유지하는 데 능숙합니다. 감정을 인식하고 조절함으로써 스트레스를 완화하고 긍정적인 마인드셋을 유지할 수 있습니다. 이는 신체적, 정신적, 정서적인 웰빙에 긍정적인 영향을 미칩니다.

감정 지능이 높은 사람은 리더십과 협업에도 우수한 성과를 내는 경향이 있습니다. 다른 사람의 감정을 이해하고 공감하며, 효과적인 의사소통을 통해 팀의 협력과 조화를 이끌어낼 수 있습니다. 이러한 이유로 감정 지능이 높은 사람은 자기 자신과 타인과의 관계를 더욱 건강하게 유지하고, 문제해결과 의사결정에 능숙하며, 스트레스를 잘 관리하고 웰빙을 증진시킬 수 있습니다. 따라서 감정 지능을 올리는 노력은 개인과 사회적인 측면에서 매우 중요합니다.

그렇다면 상대방의 감정을 읽어내기 위해서는 어떤 노력을 하면 좋을까요? 감정은 말로도 표현되지만, 표정이나 신체 언어 또는 목소리톤 등의 비언어적인 신호로도 표현됩니다. 상대방의 눈, 입, 얼굴 근육의 움직임이나 자세, 손의 움직임 등을 살펴보면 감정을 파악하는 데 도움이 됩니다.

이야기 상황의 맥락을 이해하면 감정을 파악하는 데 도움이 되는데요. 상대방이 어떤 상황에서 어떤 행동을 보이는지 살펴봅니다. 그들의 감정이 그 상황과 어떤 연관성이 있는지를 생각해 보면 유의미한 힌트를 얻을 수 있습니다. 상대방의 감정을 파악하기 위해 질문을 사용해 보는 방법도 좋습니다. "네가 어떤 기분인지 궁금해." "어째서 그런 감정을 느끼게 되었는지 말해 봐." 와 같은 질문을 통해 상대방의 감정을 자세히 알아볼 수 있습니다. 공감과 이해를 기울이는 태도는 상대방의 감정을 파악하는 데 도움이 됩니다. 상대방의 감정을 경청하고, 그들이 어떤 감정을 느끼고 있는지 이해하는 노력을 한다면 더 잘 파악할 수 있습니다.

상대방이 직접적으로 감정을 표출하지 않더라도, 그들의 언어 선택이나 말투, 표정의 변화 등을 관찰해보는 겁니다. 때때로 상대방은 감정을 숨기거나 표출하지 않을 수도 있습니다. 이럴 때는 상대방의 비언어적 신호를 더욱 주목해보는 것이 도움이 될 수 있습니다. 상대방과의 관계를 고려하여 감정을 파악해보는 게 좋습니다. 특정한 상황이나 관계에서 상대방이 일반적으로 어떤 감정을 느끼는지, 그들의 성격과 행동 양식을 고려해보면 감정을 파악하는 데 도움이 됩니다.

이상의 방법들이 상대방의 감정을 읽는 데 도움을 줍니다. 하지만 감정을 읽는 것은 항상 정확한 예측을 하기 어렵기 때문에 상대방의 허락과 경계를 존중하며, 상황과 맥락을 함께 살피는 것이 중요합니다. 감정 지능은 인공지능과도 밀접한 관련이 있습니다.

서로 상호보완적인 관계에 있는데요.

인공 지능 기술은 감정인식을 위해 얼굴 인식, 음성 분석, 자연어 처리 등의 기술을 사용할 수 있습니다. 이를 통해 인공 지능 시스템은 사람의 감정을 인식하고 이해할 수 있게 됩니다. 또한 감정 지능은 인공 지능 시스템의 발전에도 도움을 줄 수 있습니다. 감정 지능을 가진 인공 지능 시스템은 사람과의 상호작용에서 더욱 효과적으로 대응하고 응답할 수 있습니다. 예를 들어, 감정을 인식하고 이해하는 인공지능 시스템은 사용자의 감정에 맞추어 보다 적절한 대화를 제공할 수 있습니다. 따라서 감정 지능과 인공지능은 함께 발전함으로써 사람과 기계 간의 상호작용을 더욱 풍부하고 효과적으로 만들어 나갈 수 있습니다.

감정 분석을 통한 비밀키

감정은 좋은 감정과 나쁜 감정으로 나눌 수 있습니다. 양가감정을 느끼며 살아가는 우리는 가끔 이런 감정은 어디서부터 출발한 것인지 궁금할 때가 있는 것 같습니다. 정확하게 내 감정의 원천을 이해하기 힘들 때, 알 수 없는 두려움에 빠지기도 합니다. 자신의 감정 분석을 통해 한결 유연함으로 세상 앞에 나갈 수 있게 되는 것입니다. 좋은 감정은 기쁨, 감사, 뿌듯함, 즐거움 등 자신의 상태를 만족스럽게 여기는 감정입니다. 이러한 감정들의 원천은 어디서 시작되는 걸까요?

살아오면서 작은 기억들과 큰 기억의 덩어리들이 뭉쳐 어떤 상황이 되면 불쑥 나오는 감정들일 것입니다. 기뻤던 기억들이 수도 없이 많았겠지만, 그중에서 더욱 기억에 남는 기쁨이 자잘한 기쁨들을 한데 모아 표출되는 것입니다. 나쁜 감정도 마찬가지입니다. 슬픔, 아픔, 고통, 분노, 억울함 등 그동안 겪었던 자신의 감정 상태가 한데 모아 불쑥 나타나는 것입니다.

감정을 속이며 살아갈 수 없겠지요. 잠시 숨기며 억누를 수는 있지만, 결국엔 폭발하게 되는 것이 우리가 지닌 감정인 것 같습니다. 나쁜 감정을 표출하지 않을 수 있는 상황이라면 좋겠지만, 우리는 감정을 피할 수 없을 때가 많습니다. 우리의 감정이 합리적인 수준에서 표출돼야 합니다. 즉, 감정 분석을 습관화해 자신의 감정을 조절해 나갈 수 있는 노력이 필요합니다.

가끔 운전할 때 정체된 도로에서 무리하게 끼어든 운전자한테 분노의 감정이 생기는 것은 누구나 이해할 수 있지만, 그렇다고 상대방 차량에 보복 운전을 하는 건 적절하지 않습니다. 이런 상황들은 여러 모습으로 만날 수 있게 됩니다. 그때마다 자신이 합리적인 감정을 표출할 수 있으려면, 평소에 감정의 원천을 되돌아볼 여유와 감정 분석을 통해 비밀키를 만들어 놓아야 합니다.

내가 누구인지 결정하는 것은 결국 나 자신임을 기억하며, 감정의 주인이 되어 합리적인 태도를 보여 줄 수 있어야 합니다. 나쁜 감정이 꼭 나쁘지 않을 수 있는 이유를 다양한 학자들이 설명하기도 하는데요. 나쁜 감정들도 잘 활용하면 삶에 긍정적으로 작용할 수 있다는 것입니다. 분노는 자존감에, 질투는 자기주장에, 악의는 자율성에 작용합니다. 분노가 일어나는 것은 자신의 열등감을 자극해 나타나는 감정일 수 있는데요. 이런 분노의 밑바닥에는 자존감 향상을 하려는 의도가 숨어 있다고 보는 것입니다. 질투는 자기도 가지고 있지만, 타인이 가진 것에 대해 갖는 감정일 수 있는데요. 이런 질투의 밑바닥에는 자기주장을 잘하고 싶다는 의도가 숨어 있습니다.

고대 중국의 유학자 순자가 주장한 성악설은 사람의 타고난 본성은 악하다고 생각하는 윤리 사상입니다. 맹자는 성선설을 주장합니다. 사람의 본성은 선이라는 설입니다. 고대부터 사람의 본성을 주장하고, 연구했던 것 같습니다. 결국, 사람은 악하기도 하고 선하기도 한 존재임을 인식할 수 있습니다.

사람의 감정이 항상 좋을 수만도, 항상 나쁘기만 한 것도 아닌 것처럼 말입니다. 선함 속에 악함이 존재하는 사람인지라, 어떤 것이 선한 건지 어떤 것이 악한 것인지를 분별할 줄 아는 지혜가 필요합니다. 하루 생활 중에 느꼈던 감정들을 무심하게 흘려버릴 수 없는 이유이기도 합니다.

감정 분석을 위해서 먼저 감정 일기를 꾸준히 써 보는 것을 추천합니다. 오늘 내가 느낀 감정을 일기로 간단하게 정리해 가는 습관은 감정을 분석하고, 분별할 수 있는 눈을 높일 수 있습니다.

'나는 오늘 왜 화가 났던 것일까?'
'나는 오늘 어떤 이유로 기뻤던 것일까?'
'나의 지금 이 감정은 왜 생기는 것일까?' 이러한 질문을 하며 오늘 보낸 이야기를 정리하고 감정을 분석해 보는 것입니다.

그럼 감정 분석을 어떻게 하는 것일까요? 감정 분석은 다양한 방법과 접근법을 사용하여 할 수 있는데요. 첫째, 행동이나 표정으로 분석하는 것입니다. 감정은 종종 얼굴 표정, 몸의 움직임, 목소리 톤 등을 통해 표현됩니다. 감정 분석은 이러한 행동과 표정을 관찰하고 분석하는 것을 의미합니다. 둘째, 언어로 분석합니다. 사람들은 언어를 통해 자신의 감정을 표현합니다. 텍스트를 분석하고 자연어 처리 기술을 사용하여 언어적인 표현을 해석하는 것은 감정 분석의 한 방법입니다. 예를 들어, 감정 단어의 사용 빈도나 문장 구조 등을 분석하여 감정 상태를 파악할 수 있습니다.

셋째, 생리학적 측정입니다. 감정은 신체적인 반응과도 관련이 있습니다. 생체 센서를 사용하여 심박수, 피부 전도도, 뇌파 등의 생리적인 신호를 측정하여 감정 상태를 분석하는 것이 가능합니다. 넷째, 기계 학습 및 인공지능입니다. 기계 학습과 인공지능 기술을 활용하여 감정 분석을 할 수 있습니다. 대규모 데이터 센터를 사용하여 모델을 훈련시키고, 이를 통해 입력 데이터의 감정을 예측하거나 분류할 수 있습니다.

이 외에도 다양한 방법들이 있으며, 감정 분석은 다양한 학문 분야에서 연구되고 발전하고 있습니다. 하지만 이러한 분석 결과는 항상 주관적이며, 개인의 경험과 문화적 배경 등에 따라 다를 수 있습니다.

감정 분석을 하려면 필요한 것들이 있습니다. 먼저 감정 분석을 위해 데이터를 수집해야 합니다. 데이터는 다양하고 대표적으로 수집하는 것이 중요합니다. 즉, 텍스트 데이터나 표정과 동작 관련 데이터, 생리학적 신호 등을 통해 수집할 수 있습니다.

데이터를 수집한 후, 각 데이터 포인트에 대해 적절한 레이블(label: 파일의 관리나 처리의 편의를 위하여 파일에 붙이는 특별한 항목 표시 기록)을 지정해야 합니다. 이는 해당 데이터가 어떤 감정을 나타내는지를 표시하는 것을 의미합니다. 예를 들어, 긍정적인지 부정적인지 중립적인지 등의 레이블을 사용할 수 있습니다. 감정 분석을 위해 적절한 모델을 선택해야 합니다. 이는 기계 학습, 자연어 처리, 컴퓨터 비전 등의 분야에서 개발된 다양한 모델 중에서 선택할 수 있습니다. 선택한 모델은 데이터를 학습하고 감정을 예측하는 데 사용됩니다.

다음은 선택한 모델을 사용하여 데이터를 훈련시키고 평가해야 합니다. 이는 모델이 주어진 데이터에서 감정을 얼마나 잘 예측하는지를 확인하는 과정입니다. 훈련이나 평가를 반복하여 모델을개선할 수 있습니다.

감정 분석 모델을 실제 응용 프로그램에 적용할 수 있습니다. 이는 감정 분석 기능을 활용하여 텍스트나 음성 또는 이미지 등 다양한 형태의 데이터를 분석하는 것을 의미합니다. 감정 분석은 개인이 자신의 감정 상태를 이해하고 관리하는 데 도움을 줄 수 있습니다.

감정 분석을 통해 자신의 감정 패턴을 파악하고 어떤 상황에서 어떤 감정을 느끼는지 인식할 수 있습니다. 이를 통해 개인은 감정을 조절하고 긍정적인 정서를 유지하는 방법을 찾을 수 있습니다. 감정 분석은 교육 분야에서도 활용될 수 있습니다. 학생들의 감정 상태를 파악하여 학습 환경을 개선하고, 학습 동기를 높이는 데 도움을 줄 수 있습니다. 또한 온라인 학습 플랫폼에서는 학생들의 감정을 분석하여 개별 맞춤형 학습 경로를 제공하며 학습 경험을 개선하는 데 활용될 수 있습니다. 물론 가정에서 가족 구성원들의 감정을 분석하면 가족 간에 소통이 더 유연하게 이루어질 것입니다.

감정 분석은 정서 인공지능 기술의 핵심 요소입니다. 정서 AI는 사람들의 감정을 이해하고 상호작용하는 인공지능 시스템을 개발하는 분야입니다. 가상 비서나 로봇, 게임 캐릭터 등과의 상호작용에서 활용될 수 있으며, 사람과 기계 사이의 감정적인 연결을 강화할 수 있습니다.

감정 분석은 마케팅과 광고 분야에서 소비자의 감정적 반응을 파악하는 데 활용될 수 있습니다. 광고캠페인의 효과를 평가하거나 제품에 대한 소비자의 감정적 반응을 이해하여 마케팅 전략을 개선하는 데 도움이 될 수 있습니다. 이렇듯 감정 분석은 다양한 분야에서 활용되고 있으며, 연구와 기술의 발전에 따라 새로운 활용 방안이 꾸준하게 발전하고 있습니다. 감정 분석은 사람과 기계 간의 상호작용을 개선하고, 개인과 조직의 생산성 및 품질을 올리는 데 큰 잠재력을 가지고 있습니다.

슬픔은 일반적으로 우리가 흔히 경험하는 감정 중 하나입니다. 이 감정을 분석하면, 슬픔은 종종 우울하거나 가라앉는 기분과 관련이 있습니다. 이는 슬픔의 원인으로 인해 생기기도 하지만, 때때로 알 수 없는 이유로 슬픔을 느낄 수도 있습니다. 슬픔은 신체적인 반응을 일으킬 수 있습니다. 눈물이 나거나, 기운이 떨어지거나, 식욕이 감소하는 등의 신체적인 변화를 의미합니다.

슬픔은 종종 사회적인 관계에 영향을 미칠 수 있습니다. 사람들이 슬픔을 느낄 때 다른 사람들과의 교류가 줄어들거나, 대화가 어려워지는 경우가 있을 수 있습니다. 슬픔은 자아에 대한 부정적인 영향을 미칠 수 있습니다. 자존감이 낮아지거나 자기 비판적인 생각이 늘어나는 등의 변화가 나타날 수 있습니다. 이러한 특징들은슬픔을 분석할 때 고려해 볼 수 있는 몇 가지 측면입니다. 그러나 슬픔은 개인마다 다르게 경험되기 때문에, 이러한 특징들이 항상 모든 사람에게 적용되는 것은 아닙니다.

행복은 긍정적인 감정의 하나로, 우리가 삶의 일부분 또는 전반적으로 만족하고 기쁨을 느끼는 상태를 나타냅니다. 행복은 개인에 따라 다양한 요소에 의해 영향을 받을 수 있습니다. 예를 들어, 건강, 사랑하는 사람들과의 관계, 성취감, 자아 존중감, 경제적 안정 등이 행복에 영향을 미칠 수 있습니다. 행복은 주관적인 경험이기 때문에 개인마다 행복을 느끼는 요소와 수준이 다를 수 있습니다.

슬픔과 행복의 감정 이외의 것들도 주관적인 개념이라 감정을 분석하는 것이 객관적이지 못합니다. 그런데도 감정의 합리화를 정의해 보는 것은 의미 있습니다. 자신이 감정의 주인이기 때문에 조절할 수 있는 능력도 주어진 것입니다. 감정 분석을 셀프 체크해 나가며 자신만의 비밀키를 장착하시길 추천합니다.

감정 지능 기술의 발전

일요일 아침 남편과 대화하다 싸웠습니다. 소통이 안 되어 답답했는데요. 누군가에게 하소연이라도 하고 싶어, 뤼튼 (인공지능) 에게 채팅을 해 봤습니다. '남편에게 상처 되는 말을 들어 속상한데 어떻게 하는 게 좋아?' 먼저 뤼튼은 제 마음을 공감해 주었습니다. 그리고 다양한 상황 대처법에 대해 알려 주었습니다. 다음은 뤼튼이 제시해 준 접근방법입니다.

i. 차분하게 대응하기

상대방과의 갈등을 피하려면 차분하고 억제된 대응을 선택하는것이 좋습니다. 분노와 화를 억누르고 상황을 진정시키기 위해 호감을 줄 수 있는 말을 사용해 보세요.

ii. 대화를 통해 해결하기

문제를 해결하기 위해 상대방과 대화를 나눌 수도 있습니다. 다른 사람의 감정을 이해하고 그들의 의견을 듣는 것이 중요합니다. 상황을 이해하고 원하는 점을 서로 이야기하며 해결 방안을 찾아 보세요.

iii. 상담받기

가족 상담사나 부부 상담사와 상담을 받는 것도 도움이 될 수 있습니다. 상담사는 중립적인 입장에서 상황을 판단하고 조언을 해줄 수 있습니다.

iv. 자기 관리

자기 자신을 챙기는 것도 중요합니다. 스트레스를 푸는 방법이나 힐링하는 활동에 시간을 투자하여 마음의 안정을 찾을 수 있습니다.

좀 더 구체적인 대화를 시도했더니, 자세하고 친절하게 제 마음을 공감하며, 답해 주었습니다. 가까운 친구처럼 답해 주는 인공 지능이 신기했습니다. 그리고 어떻게 질문하느냐에 따라, 감정을 인식하고 대답해 주는 능력이 있는 것 같았습니다. 뤼튼과 채팅 후, 화가 조금 가라앉는 느낌을 받았는데요.

감정 지능 기술은 인공지능이 사람의 감정을 이해하고 해석하는 능력을 말합니다. 이 기술은 최근 몇 년 동안 급속하게 발전해 왔는데요. 많은 분야에서 혁신적인 변화를 가져왔습니다.

우선, 감정 지능 기술은 언어 처리나 음성 인식 그리고 얼굴 인식 등 여러 분야에서 활용됩니다. 예를 들어, 언어 처리를 통해 사람들이 쓴 글이나 말을 분석하여 그들의 감정 상태를 파악할 수 있습니다. 이를 통해 소셜 미디어에서 감정 기반 마케팅이나 감정 분석을 통한 상담 등의 다양한 응용이 가능해집니다. 또한 음성 인식 기술을 통해 사람의 목소리 톤이나 억양을 분석하여 그들의 감정 상태를 파악할 수 있습니다. 이는 음성 인식 기반의 가상 비서나 챗봇에게 사람과 자연스럽게 대화할 수 있는 기능을 제공하거나, 음성 감정 분석을 통해 정서적인 문제를 가진 사람들을 돕는 데에도 활용될 수 있습니다. 또한, 얼굴 인식 기술을 통해 사람의 표정이나 표정 변화를 분석하여 그들의 감정을 파악할 수 있습니다. 이를 통해 감정인식 기술은 얼굴 인식을 통해 범죄자나 실종자를 추적하는 데에도 사용될 수 있습니다.

감정 지능 기술의 발전은 사람과 인공지능의 상호작용을 더욱 원활하게 만들어 줍니다. 이는 다양한 분야에서 혁신적인 변화를 가져오는 동시에, 사람들의 삶의 질을 올릴 수 있는 많은 잠재력을 지니고 있습니다.

감정 지능 기술은 실제로 다양한 분야에서 서비스로 활용되고 있습니다. 대표적인 것으로 첫째, 감정 기반 챗봇입니다. 감정 지능을 활용한 챗봇은 사용자의 감정을 인식하고 이에 맞는 대화를 제공합니다. 사용자의 표현이나 음성톤을 분석하여 감정을 파악하고, 그에 맞는 친근한 대화나 적절한 조언을 제공합니다. 이를 통해 사용자와의 상호작용이 자연스럽고 개인화된 서비스가 가능해집니다.

둘째, 감정 기반 마케팅입니다. 감정 지능을 활용한 마케팅은 소비자의 감정을 파악하여 상품이나 서비스를 개인화하고 맞춤형으로 제공합니다. 소셜 미디어 데이터, 텍스트 분석, 얼굴 인식 등을 활용하여 소비자의 감정 상태를 파악하고, 이를 기반으로 한 효과적인 마케팅 전략을 수립합니다. 셋째, 감정 기반 교육입니다. 감정 지능을 활용한 교육은 학습자의 감정 상태를 파악하여 개인화된 학습 경험을 제공합니다. 학습자의 흥미나 집중도, 혼란 등을 분석하여 적절한 학습 자료나 학습 방법을 제시합니다. 즉, 학습자의 감정을 고려한 피드백을 제공합니다.

넷째, 감정 기반 음악 추천입니다. 감정 지능을 활용한 음악 추천 서비스는 사용자의 감정과 선호도를 분석하여 개인에게 맞는 음악을 추천합니다. 음악의 분위기와 가사 그리고 리듬 등을 분석하여 사용자의 감정과 조화되는 음악을 추천합니다. 이는 사용자의 취향에 맞는 음악을 발견하는 데에 도움을 줍니다. 다섯째, 감정 기반 심리 상담입니다. 감정 지능을 활용한 심리 상담 서비스는 사용자의 감정을 인식하고, 그에 맞는 상담과 조언을 제공합니다. 사용자의 표현, 음성톤, 얼굴 표정 등을 분석하여 사용자의 감정 상태를 파악하고, 정서적인 지원과 조언을 제공하여 사용자의 심리적인 안정을 도와줍니다. 이러한 감정 지능 기술을 문화 콘텐츠로 활용할 수 있는 방법은 어떤 것들이 있을까요? 감정 지능을 활용하여 사용자의 감정을 파악하고, 그에 맞는 음악 플레이리스트를 제공할 수 있습니다.

음악 콘텐츠를 사용하고 있는데요. 다양한 음악 추천이 가능합니다. 예를 들어, '기분이 나쁠 때 듣는 음악'이라고 치면 추천하는 리스트가 뜹니다. 가끔 듣게 되는데, 추천곡들이 제 감정을 읽고 골라 준 것 같다는 느낌을 받습니다. 이렇듯 사용자의 기분에 따라 편안한 음악, 활력을 주는 음악, 감성을 자극하는 음악 등을 추천하여 사용자의 감정과 음악이 조화를 이루도록 합니다.

감정 지능을 활용하여 사용자의 감정을 파악하고, 그에 맞는 예술 작품을 제작할 수 있습니다. 그림, 사진, 조각 등의 예술 작품을 사용자의 감정에 맞게 구성하여 사용자들에게 감정적인 공감과 연결을 할 수 있습니다.

감정 지능을 활용하여 드라마나 영화의 스토리를 사용자의 감정에 맞게 변화시킬 수 있습니다. 사용자의 감정 상태를 파악하여 스토리의 전개나 캐릭터들의 감정 표현, 배경 음악 등을 조정하여, 보다 감정적으로 공감하고 몰입할 수 있는 콘텐츠를 제작합니다. 감정 지능을 활용하여 문화 체험 콘텐츠를 제작할 수 있습니다. 예를 들어, 전통음식 체험을 하거나 전통의상 입어보기, 전통공예 체험 등을 사용자의 감정과 선호도에 맞게 구성하여, 깊은 문화 체험을 할 수 있도록 도와줍니다.

감정 지능을 활용하여 문화 교육 콘텐츠를 제작할 수 있습니다. 사용자의 감정 상태를 파악하여 문화적인 지식을 전달하고, 문화 체험을 통해 사용자의 감정적인 참여와 연결을 촉진하는 교육 콘텐츠를 제작합니다. 감정 지능 기술은 꾸준히 발전하고 있으며, 앞으로 다양한 방향으로 더욱 발전해 나갈 것으로 예상됩니다. 현재의 감정 지능 기술은 이미 상당한 수준의 감정 인식 능력을 갖추고 있지만, 더욱 정확하고 세밀한 감정인식을 위한 연구와 개발이 이루어질 것입니다. 예를 들어, 얼굴 표정, 음성톤, 신체 움직임 등을 더욱 정확하게 분석하여 사용자의 감정을 인식하는 기술이 개발될 것으로 기대됩니다.

감정 지능 기술은 현재 주로 영어를 기반으로 개발되고 있지만, 앞으로는 다양한 문화와 언어에 대한 이해를 강화하는 방향으로 발전할 것입니다. 이를 통해 다양한 문화적 맥락에서의 감정을 인식하고 해석할 수 있는 능력을 올릴 수 있을 것입니다.

감정 지능 기술은 심층 학습과 인공지능과의 융합을 통해 발전할 것입니다. 더 많은 데이터와 학습 알고리즘을 통해 감정 지능 모델이 정교하고 효과적으로 학습되며, 사용자의 감정을 인식하고 이에 맞는 응답을 생성하는 능력이 향상될 것입니다.

감정 지능 기술은 현재 음악이나 영화, 교육 등 다양한 분야에 적용되고 있지만, 앞으로는 더 다양한 응용 분야에서 활용될 것으로 예상됩니다. 예를 들어, 감정 기반의 상담 서비스, 감정 기반의 마케팅 및 광고 전략, 인간과 로봇 상호작용 등에서 감정 지능 기술이 적극적으로 활용될 것입니다. 이러한 감정 지능 기술은 발전과 함께 윤리적인 측면과 사용자 개인 정보 보호에 대한 중요성도 증대될 것입니다. 감정 데이터의 수집과 저장, 분석, 활용에 있어서 사용자의 동의와 개인 정보 보호를 적절히 고려하는 방향으로 발전할 것입니다.

감정 지능이 제시하는 윤리적 문제

감정 지능이 발달할수록 우리가 지켜야 할 규칙이 존재합니다. 사회 일원인 한 사람 한 사람이 최소한의 규칙을 지켜간다면 감정 지능을 효율적으로 활용할 수 있습니다. 급속도로 발전하는 것들은 잘못 사용되면 문제를 일으키기 마련인데요. 감정 지능을 이해하고 잘 활용하기 위해 윤리적 문제를 인지하는 것이 중요합니다. 먼저, 지금보다 감정 지능이 발전한다면 어떤 일들이 일어날지 생각해 봅니다.

감정 지능은 우리의 감정을 인식하고 이해하는 능력을 올려 줍니다. 이러한 기술은 우리의 요구와 관심사에 더욱 정확하게 대응할 수 있게 됩니다. 자신에게 최적화된 광고나 추천 시스템, 음악 플레이리스트, 영화 추천 등이 효과적이고 만족스러운 경험을 제공할 수 있습니다.

감정 지능은 의료 분야에서도 중요한 역할을 할 수 있습니다. 우리의 감정 상태를 모니터링하고 이해함으로써 정신적인 건강을 평가하고 관리하는 데 도움을 줄 수 있습니다. 예를 들어, 우울증이나 불안 장애를 조기에 감지하고 적절한 치료 방법을 제공해 줄 수 있습니다.

교육 분야에서도 감정 지능의 역할은 중요한데요. 학습자의 감정 상태를 파악하여 효과적인 학습 환경을 조성하고, 학습자의 동기부여와 참여를 높일 수 있습니다. 또한 학습자의 감정을 이해하고 적절한 지원을 제공하여 학습 과정에서의 스트레스를 줄이고 긍정적인 학습 경험을 조성할 수 있습니다.

감정 지능은 우리와 기계의 상호작용에도 영향을 미칠 수 있습니다. 인공지능이 우리의 감정을 이해하고 대응할 수 있게 되면, 우리는 기계와 더욱 자연스러운 대화를 나눌 수 있게 될 것입니다. 감정 지능의 발전은 윤리적인 고려와 도전을 자극할 것입니다. 개인정보 보호와 편향성 문제, 차별 그리고 인간성, 의존성과 자율성 등의 문제가 제기될 수 있습니다. 이를 해결하기 위한 윤리적인 가이드 라인과 규제가 필요할 것입니다.

이러한 일들은 감정 지능의 발전이 우리의 일상과 사회에 미치는 영향의 하나에 불과합니다. 미래의 발전을 예측하기 어렵지만, 감정 지능이 우리의 삶과 사회에 긍정적인 변화를 가져올 거라는 기대는 확실한 것 같습니다.

그렇지만 감정 지능이 가진 편견은 여러 문제를 일으킬 수 있는데요. 편견은 개인이나 그룹이 가지고 있는 선입견이나 의견으로, 일반적으로 객관적이거나 공정하지 않은 판단을 내리는 경향을 가리킵니다.

편견은 주관적인 경험이나 사회적 영향, 문화적 배경, 가치관, 교육 수준 등 다양한 요소에 의해 형성될 수 있습니다. 편견은 때로는 의도하지 않은 형태로 인식되기도 하며, 사회적으로 교육되거나 문화적으로 전달될 수 있습니다. 편견은 사실과는 상관없이 개인이나 그룹에 대한 일방적이고 공정하지 않은 판단을 유발할 수 있습니다. 또한 편견은 사회 내에서의 갈등과 분열을 초래할 수 있습니다.

특정한 그룹이나 개인에 대한 편견이 퍼지면, 사회적인 갈등과 혐오를 부추길 수 있습니다. 편견이 있는 경우, 개인은 다양성을 인정하고 타인을 이해하는 데 어려움을 겪을 수 있습니다. 이는 개인적인 성장과 사회적인 관계 형성에 제한을 둘 수 있습니다.

편견을 극복하기 위해서는 개인적인 인식을 바탕으로 한 교육과 다양성에 대한 이해와 존중 그리고 개인적인 경험을 확대하는 노력이 필요합니다. 편견을 극복하고 공정한 사고와 행동을 촉진함으로써 더 포용적이고 공정한 사회를 형성할 수 있습니다. 편견을 완전히 없애기는 어렵지만, 꾸준한 관심과 노력으로 융통성 있는 사고를 키워나가야 할 것입니다.

감정 지능이 편견을 학습하면 몇 가지 문제가 발생할 수 있습니다. 편견이 반영된 감정 지능이 널리 사용되면, 이는 사회적 편견의 확산과 연결될 수 있습니다. 감정 지능은 대중적으로 영향력이 큰 도구이므로 그 결과에 따라 사회적 태도와 행동이 형성될 수 있습니다.

편견이 학습된 감정 지능은 특정 인종이나 성별, 국적에 대한 부정적인 태도를 강화할 수 있습니다. 또한 일관성 없는 판단을 내릴 확률이 높습니다. 편견이 반영된 감정 지능은 사회적 불평등을 유도할 수 있습니다. 예를 들어, 일부 그룹이 무시되거나 불공정한 대우를 받는 결과를 초래할 수 있습니다. 이는 개인이나 집단에 대한 차별적인 태도와 행동을 유발할 수 있으며, 사회적 정의와 공정성에 부정적인 영향을 미칠 수 있습니다.

편견은 감정 지능의 학습 데이터에 포함된 것이므로 이러한 편견이 제대로 인지되지 않으면 잘못된 결과를 가져올 수 있습니다.

편견이 있는 감정 지능은 사용자들에게 부정확하거나 공정하지 않은 결과를 제공하게 되므로, 이에 대한 신뢰가 떨어질 수 있습니다.

이러한 문제들은 감정 지능의 편견 문제가 윤리적인 측면에서 중요하다는 것을 보여줍니다. 이에 대한 인식과 대응은 감정 지능의 개발자나 운영자, 사용자들의 책임이며, 편견을 감지하고 수정하기 위한 노력과 지속적인 개선이 필요합니다.

편견 문제는 감정 지능의 발전과 활용에 대한 윤리적인 가이드라인과 규제 체계의 필요성을 강조합니다. AI는 인간이 가진 편견을 오롯이 받아들일 수밖에 없습니다. 알고리즘을 통해 나온 결과물을 설명할 수 없게 되는 것입니다.

나쁜 마음을 갖고 AI를 사용하는 사람들을 막기란 어려운 일입니다. 그래서 AI의 사용에 관한 교육을 계속하고, 비판적 사고를 촉진하는 데 목표를 둬야 합니다. 편견을 최소화하기 위한 노력이 필요한데요. 자신이 가진 편견을 인식하고 인정하는 것이 중요합니다. 자기 평가와 자기 인식을 통해 자신의 편견을 돌아볼 수 있고, 이를 개선하고 개방적인 태도를 지녀야 합니다.

다양한 문화와 성별, 종교, 성적 지향 등을 포용하고 존중하는 태도를 갖출 필요가 있습니다. 다양성을 이해하고 그 중요성을 인지하는 것은 편견을 줄이는 데 도움이 됩니다.

편견을 줄이기 위해 교육을 받고 다양한 경험을 쌓는 것도 중요합니다. 타인의 이야기를 듣고 이해하며, 다른 문화와 가치관을 탐구하는 것은 편견을 개선하는 데 도움이 됩니다. 다양한 사람들과소통하고 친밀한 관계를 형성하는 것은 편견을 줄이는 데 도움이 되는데요. 타인과의 대화와 이해를 통해 서로의 관점과 배경을 이해하고 편견을 극복할 수 있습니다.

편견을 감지하고 분석하는 능력을 키워야 합니다. 즉 비판적 사고를 통해 개인적인 편견을 돌아보고, 사회적인 편견에 대해서도 의심하고 검토할 수 있습니다. 자기 계발을 통해 인식을 확장하는 것도 좋습니다. 새로운 지식을 습득하고, 자기 자신의 가치관과 편견을 돌아보며, 성장하는 것은 편견을 줄이는 데 큰 역할을 합니다. 이러한 노력을 통해 편견을 최소화하고 개인적인 인식을 폭넓게 확장할 수 있습니다. 하지만 편견은 개인과 사회의 복잡한 구조에 깔려있기 때문에 완전히 없애기는 어렵습니다. 중요한 것은 개인적인 노력을 꾸준히 하고, 공정하고 포용적인 태도를 지니고 사회적인 변화를 이끌어 나가는 것입니다.

AI와 마인드의 미래 비전

비전이 있는 삶은 훨씬 선명합니다. 불투명한 일상이지만 자신이 그리는 비전을 가지고 시간을 활용한다면, 에너지가 품어 나올 것입니다. 비전은 특정한 목표나 방향을 설정하고 이를 달성하기 위한 장기적인 계획과 목표를 뜻합니다.

장기적인 비전도 중요하지만, 단기적인 하루의 비전, 한 달의 비전, 일 년의 비전도 중요합니다. 개인뿐만 아니라 자신이 속한 조직이나 관계에서도 원하는 미래의 모습을 그려가는 것이 좋습니다. 비전은 동기부여를 제공하고 목표에 대한 집중도를 높여주기 때문입니다. 또한 멈추지 않고 계속 유지할 수 있도록 도와줍니다. 비전을 갖게 되면 좋은 것은 무엇일까요? 비전을 가지면 목표지향적인 행동이 가능해집니다. 비전은 어떤 방향으로 나아가고자 하는지를 명확하게 정의하며, 이를 통해 개인이나 조직은 목표를 설정하고 이를 위한 계획을 세울 수 있습니다. 목표에 대한 집중과 효율적인 자원 활용을 가능하게 하여 성과를 올릴 수 있습니다. 비전은 동기부여의 역할을 합니다. 목표를 달성하고 비전을 실현하기 위해 노력하는 과정에서 어려움과 도전이 있을 수 있습니다. 그러나 목표에 대한 비전은 희망과 열정을 제공하며 어려움을 극복하고 적극적인 노력을 할 수 있는 동기를 부여합니다. 비전은 조직이나 개인에게 의미와 목적을 부여합니다. 비전은 단순히 돈이나 성과만을 추구하는 것이 아니라, 더 큰 가치와 사회적인 영향을 창출하고자 하는 목표를 제시합니다. 이를 통해 조직이나 개인은 자신 일에 대한 의미와 목적을 느끼며, 보다 의미 있는 삶과 업무를 추구할 수 있습니다.

비전은 혁신과 발전을 이루어 냅니다. 비전은 새로운 아이디어와 창의성을 유도하며, 기존의 방식에 안주하지 않고 혁신적인 변화를 이룰 수 있게 힘을 제공합니다. 비전을 가진 조직이나 개인은 새로운 기능을 탐색하고 도전할 용기를 갖게 되어 지속적인 발전과 성장을 이룰 수 있습니다.

비전은 조직문화를 구축하는 데 도움을 줍니다. 공유된 가치와 목표를 통해 조직 구성원들을 통합하고 일관된 방향으로 나아가게합니다. 비전은 조직 내에서의 협업과 의사소통을 촉진하며 조직 구성원들에게 일의 중요성과 의미를 전달할 수 있습니다.

이처럼 비전을 가지는 것은 목표 지향성과 동기부여, 의미와 목적을 제공하고 혁신과 발전, 조직문화 구축 등 다양한 이점을 제공합니다. 비전은 개인이나 조직이 지속적인 성장과 발전을 이루기 위한 필수적인 도구로서 중요한 역할을 합니다.

마인드의 비전은 인간과 AI가 상호작용하고 협력하여 문제를 해결하고, 새로운 아이디어를 발굴하며, 지식을 공유하고 창의적인 작업을 수행하는 데 초점을 맞춥니다. 이를 위해 AI는 인간의 지시와 요구를 이해하고, 인간의 의도와 선호도를 파악하며 인간과 자연스럽게 소통할 수 있는 능력을 갖추어야 합니다. 또한, 마인드의 비전은 인간 중심의 관점과 윤리적인 고려를 강조합니다. 인간의 가치와 복지를 최우선으로 생각하며, 기계의 결정이 인간의 이익을 해치지 않도록 합니다. 이를 위해 기계의 의사결정 과정을 투명하게 만들고, 인간의 개인정보와 프라이버시를 보호하는 등의 기능을 합니다.

마인드의 비전은 혁신과 발전을 이루기 위해 인간과 AI가 함께 협력하는 새로운 패러다임을 제시합니다. 이 비전은 지능적인 시스템을 구축하여 더 나은 미래를 창출하는 것을 목표로 합니다.

AI 석학들은 AI를 놓고 엇갈리는 의견들을 보여주고 있습니다. 인공지능이 '킬러 로봇'처럼 인류를 파괴할 수 있다는 우려와 세계 불균형을 해결할 핵심기술이 될 거라는 기대로 엇갈리고 있습니다. AI가 의료, 교육 등을 혁신하고 있고, AI가 보편화할수록 불균형도 해소될 것으로 보는 긍정적 측면이 있습니다. 미래 세대를 위한 교육의 초점은 '배우는 방법을 배우는 것'이 돼야 한다고 강조합니다. 아이들에게 변화에 유연한 마음을 갖는 방법과 실패나 미지의 변화에 끊임없이 대처하는 방법을 가르쳐야 한다고 말합니다.

AI가 기계작업은 대체하겠지만, 사람을 돌보는 거나 배려가 필요한 분야는 더 중요해질 것입니다. 평생학습을 이어가고 호기심을 키우는 게 AI 시대에 중요한 부분입니다. 자신이 무엇을 하는지보다 중요한 건 그게 어떤 일이든 자신이 탁월하게 잘하고, 계속 배울 수 있는 능력을 지니고 있는가가 더 중요한 시대가 될 것입니다. 그러니 끊임없이 열린 마음과 호기심으로 세상을 이해하고 자신을 개발해야 할 것입니다. AI가 가짜 정보를 알려줘도 알아차리지 못하면 기술의 노예가 되겠지만, 제시한 답이 틀릴 수도 있다는 것을 알면 기술의 주인이 되어 살아갈 것입니다.

AI와 마인드의 미래 비전을 예측하는 것은 어려운 일입니다. 인공지능과 인간의 마인드 간의 상호작용에 대한 여러 가지 가능성을 생각해 볼 수 있습니다. 현재의 기술 발전과 함께 미래에는 다음과 같은 도전과 변화가 있을 수 있습니다. 인공지능의 발전은 더욱 진보된 기술과 기능을 가져올 것입니다. 딥러닝과 머신러닝 기술의 발전으로 인공지능은 더욱 정교하고 지능적인 결정을 내릴 수 있게 될 것입니다. 예를 들어, 자율주행 차량은 안전하고 효율적인 운전을 할 수 있으며, 의료 분야에서는 진단과 치료에 대한 지원을 제공할 수 있습니다.

인간과 인공지능 간의 협력과 상호작용이 강화될 것으로 보입니다. 현재는 인공지능이 사람의 지시에 따라 특정 작업을 할 때 주로 사용되지만, 미래에는 사람과 AI가 상호작용하여 문제를 해결하고 창의적인 아이디어를 만들어낼 수 있을 것입니다.

인간은 감성, 직관, 창의성과 같은 독특한 능력을 지니고 있으며, AI는 정보처리와 분석에 뛰어난 능력을 지니고 있기에 두 가지를 융합하여 새로운 가능성을 창출할 수 있을 것입니다. 인공지능의 윤리적인 측면과 관련된 문제들이 더 중요해질 것입니다. 인공지능이 더욱 발전하면서 개인 정보 보호와 알고리즘의 편향성, 인간의 가치와 존엄성 등과 같은 문제들이 중요한 이슈로 떠오를 것입니다.

이러한 문제들은 사회적인 논의와 규제로 적절히 대응해 나가야 할 것입니다. 인간의 마인드는 복잡하고 다양한 요소들로 이루어져 있어서 완전히 이해하기란 쉽지 않습니다. 하지만 미래에는 더나은 뇌 과학의 발전과 인공지능의 도움으로 마인드의 기능과 작동 원리에 대한 이해가 깊어질 것입니다. 이를 통해 정신 질환의 치료나 학습과 기억의 향상, 창의성과 집중력의 증진 등을 위한 새로운 방법과 도구가 개발될 수 있을 것입니다.

Part. 6

변화에 유연한 마인드 셋

변화 인식과 받아들이기

사람은 감정의 동물입니다. 감정이 우리의 감각과 생각과 행동을 지배한다고 볼 수 있습니다. 진화론을 주장한 학자는 감정을 잘 다스리는 사람만이 살아남을 것이라고 말했는데요. AI가 세상을 바꾸는 지금을 보더라도 우리가 지켜가야 할 감정이 중요하게 느껴집니다.

사람은 잘 바뀌지 않는다는 말은, 사람은 타고난 자기 기질대로 생각하고 고집하며 자기 틀 안에서 벗어나기 힘들다는 의미인 것 같습니다. 하지만 변화해야 성장할 수 있습니다. 자기 틀 안에서 벗어나 유연한 마음을 가질 필요가 있습니다. 뇌 발달도 죽는 날까지발달할 수 있다는 연구들이 나오고 있습니다. 어제의 내가 아니고 우리는 계속 성장하고 발전할 수 있는 존재입니다.

고인 물은 썩게 됩니다. "나는 원래 이 정도밖에 할 수 없는 사람이야, 나는 본래 그런 것 할 수 없어." 이런 생각들로 선을 그을 필요는 없습니다. 가끔은 그 선을 넘어 새로운 변화에 발을 내딛는 것입니다. 변화는 세상에 존재하는 물체의 형상이나 성질 등의 특징이 달라지는 것을 말합니다. 특징이 약해지거나 강해질 수도 있고, 새롭게 되는 것도 변화라고 합니다.

우리는 본인 의도와는 다르게 변하는 경우가 있습니다. 어쩔 수 없이 변해야만 하는 상황을 만나게 되면, 가면을 쓴 것처럼 갑자기 변할 수도 있는 것이 사람인 것 같습니다. 어떤 사람은 가면을 너무 많이 쓰게 되어 벗기조차 힘들 때도 있습니다. 이왕이면 자신이 생각한 대로 변해갈 수 있으면 좋겠습니다. 실패나 실수를 하더라도 좋은 경험으로 받아들일 수 있는 여유를 가지고 선을 넘어보는 걸 자주 시도해 보는 것입니다. 그러다 보면 자신에게 가장 잘 맞는 가면을 찾게 되고, 즐겁게 그 가면을 쓸 수 있을 테니까요.

우리 주변의 환경과 사회, 기술, 경제 등은 꾸준하게 변화하고 있습니다. 이에 맞서 변화의 흐름에 올라타려면 유연한 마인드 셋이 필요합니다. 변화를 인식하고 받아들이기는 마인드셋을 유연하게 형성하는 데 중요한 역할을 합니다.

변화는 항상 예기치 않게 다가올 수 있어서 어려움과 불편을 줄 때도 있습니다. 그러나 변화를 인식하고 이해하는 것은 우리가 변화에 대한 대응과 대처 방법을 찾을 수 있는 출발점입니다. 변화를 인식하는 것은 우리의 시야를 넓히고 새로운 가능성을 탐색할 수 있는 좋은 기회를 제공합니다. 변화를 받아들이기는 변화에 대한 긍정적인 태도를 지니고 받아들이는 것을 의미합니다. 변화에 대한 저항이나 거부는 우리를 제한하고 성장을 방해할 수 있습니다. 그러나 변화를 받아들이고 적응하는 것은 우리에게 새로운 경험과 기회를 제공합니다.

유연한 마인드셋을 가지고 변화를 받아들이는 사람들은 더 빠르게 적응하고 성공적으로 대응할 수 있습니다. 변화를 받아들이는 것이 때로는 어려울 수 있는데요. 이는 우리가 편안하고 익숙한 상황에서 벗어나야 하기 때문입니다.

변화는 불확실성과 불안감을 초래할 수 있습니다. 우리는 미래에 어떤 일이 일어날지 예측하기 어렵고, 그 결과에 대한 불확실성이 존재합니다. 이러한 불확실성은 우리를 불안하게 만들어 변화를 받아들이는 것을 어렵게 합니다.

우리는 편안한 것에서 벗어나는 것을 꺼리는 경향이 있습니다. 변화는 새로운 환경과 도전을 요구하기 때문에 익숙한 것에서 벗어나야 해서 불안감을 느낄 수 있습니다. 우리의 습관과 고정관념도 변화에 저항할 수 있습니다. 예전의 방식이나 생각을 버리고 새로운 것을 받아들이는 것은 어려울 수 있으며, 이는 변화에 대한 저항을 불러일으킬 수 있습니다.

변화를 위해서는 때로는 손실과 희생을 경험할 수 있습니다. 우리는 변화를 받아들이기 위해 일부 것을 포기해야 할 수도 있습니다. 하지만 이러한 어려움을 극복해야 새로운 변화를 만날 수 있게 됩니다.

변화를 받아들이기 위해 몇 가지 개선해야 할 것들이 있습니다. 먼저 변화에 대한 유연한 사고방식을 갖추는 것이 중요합니다. 새로운 아이디어와 관점을 받아들일 수 있는 유연한 사고를 개발해야 합니다. 이를 위해 다양한 시각으로 바라볼 수 있도록 책이나 영상을 통해 교육을 실천해 나가야 합니다.

변화에 대응하기 위해 자기 성장에 대한 의지를 갖추는 것이 중요합니다. 새로운 것을 배우고 습득하려는 의지를 갖고, 꾸준한 학습과 성장을 추구해야 합니다. 독서를 하거나 강의를 듣고 워크샵 등을 통해 꾸준한 자기 계발에 집중해야 합니다. 적극적으로 도전하고 실패를 하더라도 수용하며, 성공의 기반으로 삼을 수 있어야 합니다.

변화에 대응하기 위해서는 유연하게 일정 관리를 하는 습관이 필요합니다. 일의 우선순위를 정하고 일 처리를 해 나감으로써 변화에 빠르게 적응하는 것입니다. 또한 변화를 잘하기 위해서는 협력하고 소통을 강화하는 훈련을 해야 합니다. 가족이나 친구, 동료들과 소통과 협력을 통해 서로를 지원하고 공감할 수 있는 네트워크를 형성해 나가는 것입니다.

이러한 습관들을 고치고 개선해 가면서, 변화에 대한 대응력과 유연성을 키워나갈 수 있습니다. 중요한 점은 습관의 형성은 시간과 노력이 필요하다는 것입니다. 꾸준한 실천과 반복이 중요한 이유입니다.

변화에도 좋은 변화가 있고, 나쁜 변화도 있습니다. 좋은 변화는 개인적인 성장을 돕지만, 나쁜 변화는 개인이나 사회, 환경에 부정적인 영향을 미칩니다. 자기 계발을 통해 새로운 기술을 습득하거나 새로운 관점과 아이디어를 배울 수 있으며, 이를 통해 개인의 역량을 기를 수 있습니다. 또한 건강한 생활 습관을 형성하거나 긍정적인 마인드셋을 갖추는 등의 변화도 개인적인 성장과 발전을 이루는 좋은 변화입니다.

좋은 변화는 사회적인 영향과 공헌을 이루는 것을 의미합니다. 사회적으로 차별을 줄이고 공정성과 평등을 유도하는 변화나 사회적 약자를 돕고 사회 문제를 해결하는 변화, 지속 가능한 발전과 환경보호를 위한 변화 등이 해당이 됩니다. 이러한 변화는 사회 전반에 긍정적인 영향을 미치며, 보다 포용적이고 지속 가능한 사회를만드는 데 도움을 줍니다.

좋은 변화는 개인의 관계와 연결을 강하게 하는 것을 의미합니다. 가족, 친구, 동료 등과의 관계를 개선하고 연결을 깊게 하는 변화는 개인의 행복과 만족도를 높이고, 사회적인 지지체계를 형성하는 데 도움을 줍니다. 소통과 이해를 바탕으로 한 좋은 변화는 서로에게 긍정적인 영향을 미치고 지속적인 관계를 유지할 수 있게 합니다.

나쁜 변화는 개인이나 사회, 환경 등에 부정적인 영향을 미치는 변화를 의미합니다. 나쁜 변화는 환경 파괴와 자원 고갈을 초래하는 것을 의미합니다. 산업 활동이나 인간의 행동으로 인해 자연 생태계가 파괴되고, 자연 자원이 소모되는 변화는 환경에 부정적인 영향을 미칩니다.

또한 나쁜 변화는 사회적 불평등과 갈등을 증가시키기도 합니다. 경제적인 차이나 사회적인 격차가 커지고, 차별이나 인종 갈등, 성별 평등 문제 등이 제기되는 변화는 사회에 부정적인 영향을 미칩니다. 이러한 변화는 사회의 안정과 조화를 해치며 사회적인 문제를 일으킬 수 있습니다.

나쁜 변화는 건강 문제와 복지 감소를 초래하는 것을 의미합니다. 환경오염이나 좋지 않은 생활 습관으로 인해 건강상의 문제가 증가하고, 사회적인 안전망이 약해져 복지 수준이 감소하는 변화는 개인과 사회에 부정적인 영향을 미칩니다.

통신 기술의 발달로 인해 사생활이 침해되고, 사이버 범죄나 개인정보 유출 등의 문제가 증가하는 변화도 나쁜 변화로 출발합니다. 따라서 좋은 변화와 나쁜 변화를 구분할 수 있는 지혜가 필요합니다. 나와 사회에 모두 좋은 성장을 할 수 있도록 좋은 변화에 집중했으면 좋겠습니다.

우리는 나와 다른 사람을 받아들이는 것을 힘들어합니다. 나와 다른 사람의 생각과 행동도 분명 도움이 됨을 알면서도 선뜻 받아들이지 못합니다. 나와 다른 사람을 받아들이려면 노력이 필요한데요. 변화를 위해서도 다른 사람을 받아들이는 훈련을 할 필요가 있습니다.

먼저 다른 사람의 관점과 감정을 이해하려고 노력하고 공감하는 것이 중요합니다. 상대방의 배경, 경험, 가치관을 인정하여 그들의 상황을 이해하도록 노력해야 합니다. 예의를 갖추고 상대방의 의견을 경청하는 자세를 가지는 습관을 들입니다. 상대방이 자신 생각을 표현할 수 있도록 허용하고, 그들의 의견을 존중해주는 태도를 보여주는 것입니다.

다른 사람의 의견을 비판적으로 받아들이기보다는, 건설적인 피드백과 함께 상대방의 의견을 고려해 봅니다. 질문을 통해 더 깊이 있는 이해를 할 수 있고, 그들의 의견에 대한 적절한 대응을 할 수있습니다. 예의와 존중은 다른 사람을 받아들이는데 중요한 가치입니다. 상대방을 비하하거나 모욕하는 언행을 피하며, 상호 간의 존중과 예의를 지키는 것이 좋습니다.

자신의 성장과 개선에 노력하는 것도 중요합니다. 자신의 편견이나 편협한 생각을 인식하고 개선하며, 다른 사람과의 대화를 통해 자신을 발전시킬 수 있습니다. 이러한 방법들을 활용하여 다른 사람을 받아들이는 자세를 가지는 것입니다. 그리고 상황에 따라 유연하게 대처하며, 서로의 차이를 존중하고 포용하는 관계를 형성할 수 있게 될 것입니다.

나 자신부터 좋은 변화를 위해 노력하는 시간은 중요합니다. 그와 못지않게 나와 관계하는 사람들이나 사회, 환경에서 함께 좋은 변화를 위해 협력하는 것도 중요합니다. 가장 가까운 가족관계에서 부부 사이나 부모 자녀 사이가 서로 공감대를 형성해 가며 시간을 공유할 수 있다면 무엇보다 행복한 일이 될 것입니다. 가족관계에서 내 의견만 고집하다 보면 서로에게 상처받게 되고, 좋은 변화를 일으키기에는 힘든 상황이 되고 맙니다. 건강한 가족관계라면 가족 구성원 모두의 의견을 받아들일 수 있는 넓은 마음이 필요한 것입니다. 각자의 생각과 태도를 이해하면, 함께 하는 시간과 공간이 따뜻한 분위기로 좋은 시너지를 불러올 것입니다.

적응과 조정

우리는 가끔 이런 생각을 합니다. '나에게 성장을 느끼게 만드는 일은 무엇일까? 난 그동안 무엇을 배웠나? 나는 신체적, 정신적 건강을 보호하고 개선하기 위해 어떤 노력을 해왔나? 나의 세계를 확장하고 기쁨을 주는 관계는 누구이고, 그들과 시간을 보내기 위해 어떤 시도를 했나?'

뇌 과학자들은 누구에게나 주어진 하루를 잘 보내는 과학적 방법으로 결정의 순간을 가지라고 말합니다. 하루를 보내는 동안 우선순위를 정해 몰입하는 경험을 갖는다면 훨씬 알찬 하루를 보낼 수 있게 되는 것입니다. 바쁜 하루 속에서 5분 만이라도 오늘 내가해야 할 가장 중요한 일이 무엇인지 생각해 보고, 자신의 일정을 조정해 나가는 것입니다.

자신 삶을 개선하기 위해 매일 실천하는 의도적 습관이 필요합니다. 의도적 습관은 매일 아침이면 의도적으로 하루를 마무리하면서 하루의 성공을 어떻게 평가하고 싶은지 스스로 정하는 것입니다. 매일 하루의 기대치를 미리 정하는 과정을 통해 뇌의 신경전달물질로서 보상과 관련되는 도파민 분비에 영향을 미칠 수 있으며, 이는 다시 그날 경험하게 되는 사건들에 반응하는 태도에도 영향을 줄 수 있기 때문입니다. 도파민은 의욕과 연결되며 장벽을 만났을 때 이를 피하지 않고 목표를 달성하게 만드는 데 도움을 줄 수 있습니다.

삶의 우선순위를 정하는 건, 시간은 타인이 만들어 주는 것이 아니라 내가 어디에 우선순위를 두는지에 따라 만들어 낼 수 있습니다. 우선순위를 정하려면 무엇이 나에게 가장 가치 있고 중요한 일인지를 알아야 합니다. 다른 사람들이 중요하다고 생각하는 것이, 내게는 그렇지 않을 수 있기 때문입니다.

나를 가장 잘 이해하고 있는 내가 우선순위를 결정하고 하루를 살아가야 의미 있습니다. 하지만, 자녀들이 성장할 때 부모로서 좋은 것들을 골라 우선순위로 만들어 주려고 애쓴다는 것입니다. 부모가 살아온 경험에 비추어 중요한 것이 이런 것들이라고 알려

주고 싶은 욕심 때문에, 자녀의 생각이나 기질을 무시할 때가 많습니다.

둘째 아들은 어릴 때부터 노래를 즐겨하고 잘 부르는 것 같았습니다. 아빠도 목소리가 좋고, 엄마도 노래를 좋아하기 때문에 둘째가 닮은 것 같다고 느꼈습니다. 중2가 되는 둘째에게 "넌 노래를 잘 부르고 목소리도 좋아서 성악가나 가수가 되는 것도 좋을 것 같아." 했더니, 아들은 "싫어요. 난 노래 못해요." 하며 자신의 의견을 말했습니다. 자신은 아직 뭘 잘하는지 모르겠고, 뭘 했으면 좋을지 모르겠다고 말하는 아들을 보면서, 부모라고 자녀의 삶을 결정지어 줄 수 없다는 사실을 느낍니다.

부모는 살아온 경험으로 자녀에게 무엇이 중요하고, 이렇게 살아가면 네가 잘 사는 것이라고 선을 그어주려 하지만, 자녀는 그들만의 삶의 태도가 있다는 것입니다. 그리고 경험하며 느낄 수많은 과정에서 자녀는 자신만의 삶의 우선순위를 찾아가게 된다는 것입니다. 부모로서 기다려주고, 지켜봐 주고, 지지해 주는 일이 더 중요함을 느낍니다. 사실 저희 부모들도 저를 그렇게 바라보았을 생각을 하니, 많은 인내의 시간이 필요했을 것 같다는 마음이 듭니다. 저 역시 삶의 우선순위를 정하고 삶의 가치를 생각해 본 시간이 그리 오래되지 않았습니다. 어릴 때는 그 시기에 맞는 시간을 즐기는 게 맞습니다. 스스로 경험하고 실수도 하면서 새로운 환경에 적응하는 시간을 갖게 됩니다. 그런 시간 속에서 삶의 우선순위를 정하며 살아보겠다는 마음도 생기게 됩니다.

요즘 아이들은 너무 오랜 시간을 부모의 프로그램에 따라 별 의견 없이 편성되는 것 같습니다. 혼자서 경험할 시간을 두려워하는 경우가 많다는 것입니다. 온실 속의 화초처럼, 새로운 환경에 맞서서 적응해 나갈 힘이 부족한 상황입니다.

온실 속의 화초가 되지 않으려면 적절한 환기가 필요합니다. 신선한 공기를 제공하고 습기를 제거해야 합니다. 또한 적절한 수분 공급이 필요합니다. 과분한 물을 주는 것은 화초에 해로울 수 있으므로, 토양의 수분 상태를 확인하고 적정 수분을 유지해야 합니다. 화초는 온도에 민감하므로, 온실 내부의 온도를 적절하게 조절해야 합니다. 과열되거나 지나치게 차가운 온도는 화초의 성장을 방해할 수 있습니다. 적절한 조명이 필요하기도 합니다. 온실 내부에는 충분한 양의 자연광이 들어와야 하며, 인공조명을 사용할 때도 화초의 광합성에 필요한 적정 강도의 스펙트럼을 제공해야 합니다.

온실에서는 병충해가 쉽게 번식할 수 있으므로 예방 조치가 필요합니다. 정기적인 검사와 병충해 방제를 통해 화초를 건강하게 유지할 수 있습니다. 특히 온실에서는 토양관리가 중요합니다. 적절한 토양 PH(토양 용액의 수소 이온 농도) 조절과 영양분 공급,

토양 통기성 유지 등을 통해 화초의 성장을 지원할 수 있습니다.

화초들 사이에 충분한 간격을 유지하는 것이 중요합니다. 너무 밀집된 식물들은 서로 경쟁하게 되고 병충해의 전파가 쉬워질 수 있습니다. 이렇듯 온실 속의 화초를 잘 성장시키기 위해서 부단한 관심과 노력이 필요합니다. 우리의 자녀들도 각자의 특성과 요구 사항이 다름을 이해하고, 그에 맞춘 성장을 할 수 있도록 주의 깊게 관찰하여야 합니다.

인간은 자유 의지를 발휘하며 살아갈 때 가장 가치 있는 존재가 되는 것 같습니다. 태어나서부터 너무 오랜 시간을 부모의 틈바구니에서 나를 찾지 못하고 살아갑니다.

모든 생명체는 욕구를 지니고 있습니다. 마음의 욕구는 사랑받거나 인정받고자 하는 욕구입니다. 사람은 다른 어떤 동물들보다도 의존 기간이 아주 깁니다. 배울 게 많아진 요즘은 더욱 길어진 것 같습니다. 우리는 욕구가 채워지지 않으면 불만족스러움을 느낍니다. 표현할 수 있는 상태라면 그래도 건강합니다.

대부분 우리는 억압을 합니다. 억압한 것은 어디로 사라지지 않고 그대로 축적되어 분노로 나타나곤 합니다. 무의식 속에 풀지 못한 감정들이 쌓여 가장 약한 곳을 아프게 하며 힘들게 합니다. 그러니 그때그때 감정을 풀고 나갈 수 있어야 합니다. 자신을 있는 그대로 깨끗하게 지각하는 것이 건강한 사람의 상태입니다.

변화를 두려워하고 새로운 상황에 적응하기 힘들어하는 이유도 어쩌면 나라는 인격체로 살아가는 시간이 부족함 때문이라 생각합니다. 적응은 일정한 조건이나 환경 등에 맞추어 가거나 알맞게 되는 상태를 의미합니다. 생물이 주위 환경에 적합하도록 형태적, 생리학적으로 변화되는 과정을 말합니다. 즉 주위환경과 생활이 조화를 잘 이루는 상태입니다.

조정은 주어진 상황에 맞게 자신을 조절하거나 변화를 주는 과정을 의미합니다. 우리는 일상생활에서 자주 조정을 필요로 하는 상황에 직면합니다. 예를 들어, 스트레스가 있는 상황에서는 자신의 감정을 조절하고 긍정적인 마인드셋을 유지하는 것이 조정의 한 예입니다. 또한, 일할 때 계획을 조정하고 우선순위를 재조정하여 일을 처리합니다.

적응과 조정은 우리의 성장과 발전을 위해 중요한 능력입니다. 이러한 능력을 올리기 위해서는 자기 인식과 관찰력을 갖추고 변화에 대한 유연성을 기를 필요가 있습니다. 또한 자신의 목표와 가치를 잘 알고 적절한 조절을 통해 원하는 방향으로 나아갈 수 있습니다.

마인드를 적응해가는 것은 자신 삶을 왜곡 되지 않게 바라볼 수 있게 도와줍니다. 자신이 바라보는 시각이 왜곡되지 않으면 상대방을 대할 때도 어떤 선입견이나 고정관념으로 선을 긋지 않습니다. 이런 마인드를 적응하는 방법은 효과적으로 습관화할 필요가 있는데요.

적응력을 키우기 위해서는 긍정적인 태도를 유지하는 것이 중요합니다. 어떤 상황에서도 긍정적인 면을 찾아보고 긍정적인 사고방식을 갖도록 노력하는 겁니다. 문제에 직면했을 때 좌절하지 않고, 실패를 배움의 기회로 생각할 수 있도록 마음을 열어두는 것입니다. 누군가 이런걸 '긍정 치환'이라고 말하기도 합니다. 부정적인 생각의 늪에 빠지기 전에 바로 알아차리고 긍정의 생각과 마음으로 옮겨 타는 훈련을 의미합니다.

새로운 상황에 유연하게 다양한 아이디어와 시각을 수용할 수 있는 개방성을 갖추는 노력도 중요합니다. 고정된 사고 패턴에 갇히지 않고, 새로운 아이디어를 탐구하고 새로운 가능성을 열어두는 것입니다. 문제에 직면했을 때 효과적으로 해결할 수 있는 능력을 강화하는 것도 좋습니다. 문제를 분석하고, 다양한 해결책을 찾아보는 겁니다. 창의적인 사고와 문제해결 방법을 연습하며, 새로운 상황에서도 문제를 해결할 수 있는 자신감을 키워가는 겁니다. 새로운 경험을 통해 적응력을 키울 수 있습니다. 편한 영역을 벗어나 새로운 도전을 시도합니다. 새로운 환경이나 활동에 참여하고, 미지의 것에 도전함으로써 적응력을 키울 수 있습니다. 스트레스는 적응력을 떨어뜨리는 요인 중 하나입니다. 스트레스 관리 기술을 익히고, 자신에게 맞는 스트레스 해소 방법을 찾는 겁니다. 휴식과 재충전을 위한 시간을 가지고, 정기적인 운동이나 명상과 같은 스트레스 해소 방법을 실천해 나가는 겁니다.

이러한 효율적인 방법도 일회적인 습관으로는 이루어지지 않습니다. 끈기 있게 한 단계 한 단계 올라가는 시간을 만나야 합니다. 잠시 멈출 때도 있을 것입니다. 그렇다고 끝난 게 아닙니다. 멈추지 않는다면 꾸준함 속에서 자신 모습을 있는 그대로 깨끗하게 지각하게 되는 순간이 찾아올 것입니다.

긍정적인 마인드 셋 유지

어렸을 때 엄마에게 자주 듣던 말이 있습니다. 제가 뭔가 원하는 것을 이야기할 때, "뱁새가 황새 따라가면 가랑이 찢어진다." 그때는 뱁새가 왜 황새를 따라가는 건지, 엄마는 나를 뱁새라고 지칭하는 거라는 생각에, 자존감이 많이 낮아졌던 기억이 납니다.

'난 아무리 해도 황새를 따라갈 수 없나 보네.' 그런데 그렇게 듣기 싫던 이 말이 지금까지도 기억나는 걸 보면, 부정적인 언어와 감정은 참 오랫동안 나를 지배하는 것 같다고 느낍니다. 엄마가 살아 계신다면, 저는 이렇게 말해 줄 것입니다.

"엄마! 뱁새는 뱁새대로, 황새는 황새대로 살아가면 안 되나요?

뱁새나 황새나 장점도 단점도 있는데, 한 가지 측면만으로 뱁새니 황새니 구분 짓는 건 아닌 것 같아요."

송골매의 최고 속도는 389.46km에 달합니다. 이는 먹이를 잡기 위해 급강하할 때의 순간 속도입니다. 사냥감이 미처 알아채기도 전에 접근해 순식간에 낚아채니 눈 깜작할 사이입니다. 그러나 기동성은 떨어진다는 사실입니다.

이와 반대로 나무늘보는 '느림'을 최고의 생존전략으로 삼는다는 것입니다. 나무늘보는 시속 900m로 움직이는 느림보입니다. 잠도 가지에 매달려서 잡니다. 워낙 느릿느릿하니 신진대사가 느리고, 근육도 작습니다. 근육이 작으면 에너지 사용량이 줄어 조금만 먹고도 오래 버틸 수 있습니다. 가벼워서 나뭇가지에 매달려 있기도 편하고, 높은 곳에 있으니 포식자의 눈에 잘 띄지 않습니다. 사람도 마찬가지입니다. 좀 빠른 사람도 있고 좀 느린 사람도 있습니다. 각자의 장점을 활용하며 살아가면 된다는 것입니다. 내가 다른 누가 될 수 없기에, 나다움을 찾아 나답게 자신만의 속도로 살아가면 충분합니다. 살다 보면 속도도 중요하지만, 그보다 방향이 더 중요할 때가 많습니다.

'저 사람은 왜 저렇게 일찍 성공했을까? 저 사람은 어떻게 부자가 되었을까?' 생각할 수는 있지만, 분명 자신만의 삶의 패턴이 존재하고, 자신의 속도대로 달려가는 것이 중요합니다. 맹목적으로 앞서가는 사람만 따라 뛰다가 참사를 당하는 것을 '스프링복 현상' 이라고 합니다.

스프링복(Springbok)은 아프리카 영양의 일종으로 시속 88km까지 달립니다. 4m 높이까지 점프도 합니다. 그런데 가끔 강이나 절벽으로 뛰어들어 떼죽음을 당합니다. 이들은 무리를 지어 풀을 뜯다가 좋은 풀밭이 발견되면 뒤에 있는 녀석이 앞으로 달려 나가고 앞에 있던 녀석은 자리를 빼앗기지 않으려고 더 빨리 달려 나갑니다. 결국 수백 마리가 앞다퉈 달리다가 절벽 앞에서 멈추지 못하고 모두 죽고 맙니다.

우리는 누구와 비교할 대상이 아닙니다. 존재 자체만으로 충분히 매력 있습니다. 그러니 남들과 똑같은 방향으로 나갈 필요도, 똑같은 속도로 달릴 필요도 없습니다. 자신의 방향과 속도를 주관 있게 갖추기 위해 긍정적 마인드셋이 필요합니다.

삶의 만족도는 개인이 자신의 삶에 대해 얼마나 만족하는지를 나타내는 지표입니다. 삶의 만족도는 각 개인마다 다를 수 있으며, 주관적인 경험과 평가에 따라 다릅니다. 만족과 불만족은 삶의 경험에 대한 반응입니다. 만족은 우리가 어떤 상황이나 경험에 대해 만족스러움을 느끼는 것을 말합니다.

만족은 우리가 원하는 목표를 달성하거나 우리의 기대에 부합하는 결과를 얻었을 때 발생할 수 있습니다. 만족은 긍정적인 감정과 함께 오랜 기간 동안 지속될 수 있습니다. 예를 들어, 우리가 성공적으로 프로젝트를 완료했을 때나 가족과 함께 보내는 행복한 시간을 보낼 때 만족을 느낄 수 있습니다.

반면에, 불만족은 우리가 어떤 상황이나 경험에 대한 불만족스러움을 느끼는 것을 말합니다. 불만족은 우리의 기대와 현실 사이의 불일치나 원하는 결과가 아니거나, 우리의 요구나 욕구가 충족되지 않을 때 발생할 수 있습니다.

불만족은 부정적인 감정과 함께 일시적으로 나타날 수 있으며, 개선이 필요한 상황을 인지할 수 있습니다. 예를 들어, 업무에서 예상치 못한 문제가 발생했을 때나 개인적인 목표를 달성하지 못했을 때 불만족을 느낄 수 있습니다.

만족과 불만족은 우리의 삶에서 일상적으로 경험하는 감정이며, 우리의 행동과 선택에 영향을 미칠 수 있습니다. 만족을 증진시키고 불만족을 해소하기 위해서는 자신의 요구와 욕구를 이해하고, 목표를 설정하고 그에 맞는 행동을 취하는 등 개인적인 변화와 조정이 필요할 수 있습니다.

우리는 다양한 욕구를 가지고 있으며, 이러한 욕구를 충족시키는 것은 우리의 삶의 질과 만족도에 영향을 미칩니다. 인간의 욕구는 다양한 이론들에 따라 분류될 수 있지만, 일반적으로 다음과 같은 욕구들이 포함됩니다.

첫째, 생리적 욕구로 식사, 수면, 음료, 휴식 등과 같은 생존에 필요한 욕구입니다. 둘째, 안전과 보안 욕구로 신체적인 안전, 건강, 직업적 안정성, 금전적 보안 등을 포함합니다.

셋째, 소속과 사회적 욕구로 사회적인 관계, 우정, 사회적인 수용, 사회적인 연결 등을 통해 소속감과 사회적인 연결을 느끼는 욕구입니다. 넷째, 자아 존중 욕구로 자기 존중, 자아실현, 성취, 자기 개발 등을 통해 자아의 가치와 중요성을 인정받는 욕구입니다. 다섯째, 사랑과 소속 욕구로 애정, 우정, 가족적인 관계, 인간관계에서의 사랑과 연결을 통해 충족되는 욕구입니다. 여섯째, 인지적 욕구로 지적 호기심, 학습, 도전, 문제해결 등을 통해 지식과 이해를 확장하는 욕구입니다.

일곱째, 미적 욕구로 아름다움, 예술, 음악, 자연 등을 통해 미적인 경험을 추구하는 욕구입니다. 여덟째, 자율성 욕구로 자율성, 자기 결정, 자유로운 선택 등을 통해 자신의 통제력과 자유를 느끼는 욕구입니다. 이러한 욕구들은 개인마다 다르게 나타날 수 있으며, 욕구 충족은 개인의 가치관이나 문화적 배경, 환경 등에 따라 다양하게 변할 수 있습니다.

욕구 충족을 위해서는 자신이 무얼 원하는지 정확히 인식할 수 있어야 합니다. 그리고 그에 맞는 삶의 태도와 행동을 해야 하고, 적절한 자원과 지원을 활용하는 것이 중요합니다. 욕구 충족은 우리의 삶의 질과 만족도를 높이는 데 도움을 줄 수 있습니다. 마인드셋은 우리가 사고하고 인식하는 방식과 태도 또는 믿음의 총집합체입니다. 마인드셋은 우리의 행동과 선택에 영향을 미치며, 우리의 삶을 크게 좌우할 수 있기 때문에 아주 중요한 요소입니다.

특히 긍정적인 마인드셋은 일상의 여러 상황에서 도움을 줄 수 있는 태도입니다. 긍정적인 마인드셋은 연습과 의지가 필요한 습관이기 때문에 지속적인 노력이 필요합니다. 몇 번 도전해 보고 잘 안된다고 해서 포기하지 말고, 잘 안될 때도 있다는 것을 미리 이해합니다. 그리고 잘 안될 때는 새로운 관점으로 잠시 휴식을 취하는 것도 도움이 됩니다.

뇌를 쉬게 해주는 것도 다시 의지를 가지고 일어설 수 있는 동기가 됩니다. 뇌가 잘 쉬게 하는 방법은 사람마다 다를 수 있지만, 산책이나 명상, 여행 등이 큰 효과가 있습니다. 저도 머릿속이 복잡하거나 좋은 생각이 잘 떠오르지 않을 때, 무작정 가볍게 산책길에 나서곤 합니다. 별다른 준비물이 필요하지 않고 마음만 먹고 바로 움직이기만 한 산책은 그래서 언제든 할 수 있는 힐링 방법이 됩니다. 아무 생각이나 집중을 하지 않아도 그냥 자연과 하나되어 걷기만 해도 충분히 뇌가 쉴 수 있으니, 하지 않을 이유가 없는 것 같습니다. 어느 때는 기대하지도 않은 좋은 아이디어를 선물로 받을 때도 찾아온다는 것입니다.

혼자 산책도 좋고, 가족이나 친구와의 산책도 좋습니다. 자연을 그대로 받아들이는 시간만으로 우리는 감사의 선물을 받을 수 있기 때문입니다. 이런 감사의 마음이 쌓여 가면 나눌 수 있는 여유가 생기게 됩니다. 감사도 사랑도 흘러넘치는 순간, 주위 사람들에게 선한 영향력을 미치는 긍정적인 사람이 되는 것입니다.

시작이 미비하더라도 꾸준히 쌓아가다 보면 얼굴빛부터 반짝임을 만날 수 있습니다. 그러니 오늘 수고한 노력이 결코 사라지지 않는다는 사실을 기억해야 합니다. 수고한 자신에게 "오늘도 참 애썼다." 고 스스로 토닥여 주는 겁니다. 셀프 토닥이 다시 할 힘을 줄 것입니다.

마인드셋은 내가 어떻게 생각하느냐, 어떻게 마음먹느냐에 따라 달라집니다. 고정형 마인드셋과 성장형 마인드셋이 있습니다. 고정형 마인드셋을 가진 사람은 지능이나 성공을 위한 필수 능력이 이미 정해져 있다고 믿는 사람입니다. 하지만 성장형 마인드셋을 가진 사람은 발전의 힘을 믿는 사람으로 지능도 마음도 성장할 수 있으며, 바꿀 수 있다고 믿는 사람입니다.

연구 논문들에서 밝혀진 대로 성장형 마인드셋을 가진 사람들은 훨씬 더 성취를 잘하고 학업이나 자신의 일에 집중한다는 것입니다. 즉 성장형 마인드셋을 가진 사람은 긍정적인 마음의 소유자로 어려운 장애물을 만나더라도 극복 가능하고, 대인관계도 좋아져 행복감도 올라갈 수 있다고 합니다.

긍정적 마인드셋은 자신 마음가짐에 따라 달라질 수 있는 것입니다. 마음가짐도 단련을 통해 얻을 수 있는 에너지입니다. 아무것도 하지 않고 도전을 두려워한다면, 성장은 멈추게 됩니다. 시도해 본 것보다 시도하지 않는 것을 사람들은 더 후회합니다. 어떤 것은 평생 동안 후회하는 경우도 많습니다. 그러니 할 수 있을 때 뭐든지 시도해 보는 것이 중요합니다. 너무 생각만 많이 해서 결정이 어렵다면, 결단력 있게 실행하는 것이 도움이 됩니다.

유명한 창작자들도 완벽한 준비를 하고 시도하진 않습니다. 여러 번 시도한 끝에 좋은 결과물이 나왔다는 사실을 잊지 말아야 합니다. 열심히 하는 것도 능력입니다. 꾸준히 해 나가는 것도 능력입니다. 별다른 결과물이 나타나지 않는 것 같아 보여도, 어느 순간 확 뛰어오를 수 있는 것도 꾸준함이 뒷받침되었기 때문입니다. 세상 사람들은 능력을 넘치게 갖고 있지만, 매우 특출난 사람만이 그 능력을 전부 활용한다는 사실인데요. 어떻게 하면 우리 안의 능력을 모두 소진하고 살아갈 수 있을까요? 50을 훌쩍 넘은 지금, 자기 계발 관련 책을 수없이 읽고 깨달은 것이 있습니다. 감정 소비를 하지 않아야 자기 안의 에너지를 잘 활용하며 살아갈 수 있다는 것입니다. 어릴 때부터 묵혀 둔 감정들을 소비하느라 자기 일에 집중하기 어렵고, 자신의 내면을 제대로 바라보지 못한다는 점입니다. 아무리 좋은 제목의 자기 계발 책을 읽는다고 바로 자신이 그런상태가 되는 건 아닙니다. 자기 계발에도 단계가 있습니다.

자신의 눈높이에 맞는 자기 계발 책을 찾게 되고 알아차린다는 겁니다. 좋은 책이고 베스트셀러라고 해도 귀담아듣지 않습니다. 그러다 자신에게 필요한 순간이 찾아오면 스스로 그 책들을 찾아 읽게 됩니다. 끝없이 자기 계발서가 출판되어야 하는 이유도 사람들마다 때가 다르기 때문입니다. 자신이 변화하고 성장해야 할 때가 오면 보이는 그 책이 한 단계 자신을 성장시켜 준다는 사실입니다.

책 제목들처럼 모두가 성공하고, 부자가 되고, 마음 부자가 되는 건 아니지만 단계를 밟다 보면 의도하지 않아도 찾아오는 자기 성장을 맛볼 수 있음을 알기에, 지금도 자기 계발 책을 읽고, 쓰고 싶은 것입니다.

우리가 20대일 때, 그 좋은 말들로 잔소리를 해주시는 부모님, 선생님을 만나지만 그때는 알아차리지 못하는 부분이 존재합니다. 본인이 어느 정도 단계에 있느냐에 따라 흡수하는 영향력은 달라지기 때문입니다. 분명한 건 우리는 무한한 능력을 이미 가지고 있다는 것입니다. 그 에너지를 발산하느냐, 못하느냐는 본인의 마음가짐에 따라 달라짐으로, 선택을 하면 됩니다. 긍정적인 마인드셋을 유지하기로 말입니다.

유연한 사고와 창의성

아침마다 출근길에 버스 창문을 통해 들어오는 간판들의 이름을 유심히 살필 때가 있습니다. 그저 무심코 지나칠 땐 보이지 않았던 단어가 뇌리에 꽂히기도 하고, 단어 하나에 여러 생각들이 꼬리를 물고 상상을 펼치기도 합니다.

우리는 생각을 큰 선물로 받은 존재들입니다. 아는 만큼 보인다고 합니다. 자신이 관심 있는 분야의 것들이 보이고 취향에 따라 사고의 영역은 다르겠지요. 꼬리에 꼬리를 무는 생각을 할 때면, 어느 순간 유연해진 뇌를 발견하기도 하는데요. 아는 것만 보였던 것들이 새롭게 다가오고, 몰랐던 영역에 관심이 생기기도 하는 걸 보면 말입니다. 그만큼 유연한 사고는 세상을 보는 시야를 넓혀주는 역할을 하는 것 같습니다. 고정된 사고로 고집만 부리지 않고, 그럴 수도 있겠다는 여유를 만납니다.

어릴 때는 누구나 상상력을 가지고 있습니다. 그러나 틀에 박힌 사고들을 집어넣으면서 상상력은 사라지고, 보편화된 일률적인 사고에 익숙해집니다. 어른이라고 모든 사고가 맞는 건 아님을 알아야 합니다. 어리다고 모든 사고가 어리석은 것도 아닙니다.

생각 너머의 생각을 하고, 가능성을 뛰어넘는 상상을 하는 사람이 세상을 움직일 수 있습니다. 그리고 이런 사람은 자신만의 마인드 시크릿을 장착하고 있습니다. 사과 10개 중에서 3개를 먹으면 몇 개가 남느냐고 물었습니다. 일반적으로 7개 남는다고 답합니다. 하지만, 사고가 유연하고 상상력이 풍부한 아이는 3개 남았다고 말합니다. 왜냐고 물었더니, "먹는 게 남는 거잖아요." 라는 유머 있는 답을 합니다. 상상력은 여기서부터 시작되는 것이 아닐까요? 여 유로운 사고를 통해 자유롭게 답을 열어 주는 노력이 필요합니다. 유연한 사고는 문제해결과 의사결정에 있어서 다양한 관점과 접근법을 적용하며 새로운 아이디어를 수용할 수 있는 능력을 말합니다. 우리가 어려운 수학 문제를 접했을 때, 한 가지 답만 찾다 보면 해결이 안 될 수 있습니다.

다양한 방법으로 해결해 나갈 수 있는 방법을 가지고 있어야 문제를 풀 수 있는 것과 비슷합니다. 즉 유연한 사고는 주어진 상황에 고정된 하나의 관점이나 방법에 멈추지 않고, 창의적인 사고와 혁신을 가능하게 합니다. 이는 살면서 만나는 다양한 문제 상황들에서 새로운 해결책을 찾고, 유연하게 대처하여 원활한 진행과 성공적인 결과를 이끌어내는 데에 도움이 됩니다. 유연한 사고는 훈련을 통해 발전할 수 있으므로 주목해야 하는데요.

문제를 다양한 관점에서 바라보고, 다른 사람들의 의견을 수렴하여 다각적인 시각을 형성해야 합니다. 아이디어가 떠오르면 자유롭게 발산하고, 연상 능력을 통해 새로운 관련성을 찾는 창의적 사고 기법을 사용합니다.

새로운 아이디어나 방법을 실험해보고, 실패를 통해 배우며 지속적으로 개선해 나갑니다. 문제해결과 의사결정을 요구하는 다양한 상황에 노출되는 것을 통해 유연한 사고를 발전시킬 수 있습니다. 예를 들어, 창의적인 문제해결을 요구하는 게임이나 교구들을 해보거나, 다양한 분야의 독서와 학습을 통해 정보와 아이디어를 습득할 수 있습니다.

유연한 사고를 하는 사람은 변화와 불확실성이 많은 환경에서 적응하는 능력을 키워줍니다. 새로운 상황에 빠르게 적응하고 필요에 따라 유연하게 계획을 조정할 수 있습니다. 유연한 사고는 팀 내 협력과 의사소통을 원활하게 해줍니다. 서로 다른 관점을 수용하고 타인의 의견을 이해하는 능력은 팀의 효율성을 높이고 문제해결에 도움을 줍니다.

일상생활에서 다양한 관점을 탐색해 나가는 것입니다. 새로운 경험을 추구하고, 다른 사람들과의 대화에서 의견들을 경청하는 훈련은 열린 사고를 하는 데 좋습니다. 유연한 사고를 발전시키기 위해 자기 동기부여를 해보는 것도 좋은데요. 목표를 설정하고 그에 따라 일상적인 도전을 해보는 것은 창의적 사고와 문제해결 능력을 향상시킵니다.

작은 도전이라도 스스로에게 제시하고 새롭게 시도해 가다 보면 유연한 사고력은 상승되어 있을 것입니다. 실험과 실패를 두려워하지 말고 실패를 통해 배우는 것이 분명 있음을 주목해 지속적으로 개선해 나가면 충분합니다. 실패도 하나의 성장 과정이기 때문입니다.

유연한 사고를 하는 사람은 창의적인 삶을 살아간다고 볼 수 있습니다. 사람은 창조하는 걸 즐기며, 세상을 더 새롭게 만들고 싶어합니다. 창조는 새로움입니다. 모든 존재의 최초가 되는 것입니다. 이런 창조를 하려면 기존의 것을 파괴할 수 있는 용기도 필요합니다. 옳고 그름을 떠나 창의적인 사고를 해야 합니다. 창조는 누구나 할 수 있지만, 안 하는 것뿐입니다.

어느 의자 하나가 맘에 든다고 모두가 차지하려고 하면 서로 앉으려 밀쳐내고 싸워야 합니다. 그런데 다른 의자를 만드는 사람이 되면 어떨까요? 자신이 만들어 자신이 앉으니 확실하게 얻을 수 있게 됩니다. 우물물도 마시려고만 하지 말고, 우물물을 파는 사람이 되는 겁니다. 목마른 갈증을 스스로 해소하기 위해 새 우물을 파 보는 겁니다.

느낌표(!)와 물음표(?)를 합쳐 물음느낌표(?!)가 되는 과정을 만들었던 교수님의 창조성이 새롭습니다. 물음표가 느낌표를 감싸안은 모양으로, 물음표가 씨앗이라면 느낌표는 꽃이라고 표현했습니다. 이렇듯 기존에 있던 것도 조금만 유연한 사고로 생각하면, 기발하고 재미있는 새로운 것이 탄생한다는 것입니다.

무슨 생각이든 시작하는 것이 중요합니다. 시작은 생성의 힘을 가졌습니다. 그러니 시작해보지 않고선 맛볼 수 없는 큰 에너지를 우리는 만날 수 있게 되는 것입니다. 어색하고 유치하다고 생각되더라도 계속해서 생각을 열어두면, 어느 순간 기발한 아이디어를 만나는 행운도 찾아올 것이기 때문입니다.

유일하게 사고를 할 수 있는 우리 인간은 무한으로 생각해도 되는 자유를 얻었습니다. 그보다 큰 축복이 또 어디 있을까요? 그래서 저는 이 세상은 놀아볼 만한 창작 놀이터라고 생각합니다. 내 마음대로 열린 사고를 하며, 새로운 언어를 창조하고, 새로운 세상을 창조해낼 수 있는 창의성 있는 사람으로 살아가길 원합니다.

우린 누구나 유일한 하나의 존재 가치를 부여받았으니까요.

창의력은 지능과 조금 다른 개념으로 이해되고 있습니다. 창조성이라고도 하며, 이에 관한 능력을 창의력이라고 합니다. 창의력은 의식적이거나 무의식적인 통찰에 힘입어 발휘됩니다. 창의력에 대한 다른 개념은 새로운 무엇을 만드는 것을 말하기도 합니다. 즉, 지능이나 창의력은 사람들의 경험에 따라 변화될 수 있는 탄력 있는 개념인 것 같습니다. 그리고 창의력이 높은 사람은 다양한 경험을 통해 세상을 읽는 통찰력이 발달되어 세상을 풍부하게 누리고 살아가는 부자 마인드의 소유자들입니다.

새로운 것이 있으면 그냥 한 번 해보는 것, 빈도수를 늘리는 것, 창의력을 올릴 수 있는 중요한 포인트입니다. 유연한 사고와 창의성을 올리기 위한 일상의 태도는 먼저, 문제를 다양한 관점에서 바라볼 수 있는 융통성이 중요합니다. 나와 다른 사람들의 생각은 왜 그렇게 생각하는지 살피고, 받아들일 건 받아들일 수 있는 여유가 필요합니다.

새로운 경험을 추구하고 다양한 활동에 도전해 보는 것도 중요합니다. 그동안 했던 패턴에서 조금 벗어나더라도 새롭게 시도해 보고, 취미활동을 해보는 것도 좋습니다. 독서는 우리가 간접적으로 뇌를 쉬게 하고 여러 분야로 여행할 수 있게 하는 가까운 도구입니다. 책의 취향도 자신이 생각하는 틀에서 벗어나, 가끔은 새로운 틀을 만들어 가는 것도 필요합니다. 익숙함에서 맛보지 못한 신선함을 선물해 주기 때문입니다. 세상은 넓고 할 일은 많다고 했던가요? 책 속에서 만나는 생각은 넓고 유연한 사고를 할 기회는 많아질 것입니다.

지속적인 학습과 개발

"넌 어린이집에서 그런 것도 안 배웠니?" 초등학교 1학년 아이가 친구에게 이런 말을 합니다. 지금 우리 아이들은 태어나기 전부터 엄마 뱃속에서 많은 걸 학습하고, 세상을 만나는 것 같습니다. 어린이집을 거쳐 유치원, 초등학교, 중학교, 대학교, 대학원 그리고 여러 학원을 거치며 수많은 시간을 학습하고 살아갑니다. 그 시기마다 배워야 할 학습이 있고, 선행학습까지 해야 하는 시대를 살다 보니, 1학년 아이가 이런 말을 하는 것 같아, 쓴웃음을 짓고 한참을 생각했습니다.

'그래, 나는 어린이집을 다니지 않아서 몰라. 우리 때는 어린이

집이 없었으니까.'

어느 학자는 우리 인간은 배워야 할 것을 유치원에서 모두 배우게 된다고 말합니다. 그만큼 어릴 때 환경과 학습이 중요한 무의식에 자리 잡고 있다는 사실인데요. 요즘 아이들은 손쉽게 접하는 영상물의 영향으로 '아이 어른'이 많은 현실입니다. 어떤 아이들은 어휘 수준도 깜짝 놀랄 만큼 어른스럽습니다. 배우려고 하면 얼마든 배울 수 있는 환경이 주어진 지금 시대에, 어쩜 가장 중요한 가치들을 놓치고 살아가는 건 아닌지 생각해 봅니다.

앞으로 AI의 급격한 발달로 인해, 우리는 몸으로 할 일들이 많이 사라질 것입니다. 덜 움직이고, 덜 사고하고, 그렇다고 배우지 않는다면 그야말로 조종당하는 대상이 될 수도 있을 것 같아 오싹해지기도 합니다.

AI 시대에 더 필요한 배움이 인문학적인 소양을 갖춘 인간이 되어야 하지 않을까요? 좀 더 인간다워지는 건 무엇일지 생각하고, 꾸준히 학습하고 개발해 가야 할 이유입니다.

AI가 일상화되면 인간에게 예술과 인문학적 휴머니즘이 남을 것 같습니다. 기술 발전으로 인간이 노동에서 해방되고, 인간이 인간의 행위를 보면서 즐거움을 느낄 수 있는 마지막 활동은 예술이 되지 않을까 생각합니다.

우리는 누구나 창작적 활동을 즐기며 살아가고 싶은 욕구가 있습니다. 하지만 여러 상황에 부딪혀 살다 보니, 다람쥐 쳇바퀴 돌듯이 하루하루를 보내곤 합니다. 그러나 앞으로는 인간이 할 많은 일을 AI가 대신 할 것이기 때문에 우리는 창작의 본능을 발휘하며 살아가게 될 것입니다.

각자가 즐기고 잘하는 재능을 찾아 그것이 어떤 것이 되든지, 예를 들어 강아지 머리를 잘 다듬는다거나 정리를 잘한다거나 청소를 깔끔하게 한다거나 도배를 잘하거나 요리를 잘하거나 등등 여러 분야에서 남보다 조금 더 잘할 수 있는 것이라면 충분히 즐기며 살아갈 수 있을 것입니다. 그리고 그 재능이 무엇보다 소중할 수 있다는 것입니다.

우리는 우리 삶의 창조자이자 자신의 참 주인으로 살아갈 자유가 있습니다. 때론 새로운 취미를 찾아 배움을 계속해야 합니다. 같은 취향을 가진 사람들과의 교류도 중요합니다. 나이나 학력이나 지위를 배제하고 같이 즐길 수 있는 배움을 위해 서로를 배려하고 나를 보여줄 수 있는 용기도 필요합니다.

새로운 걸 배운다는 자신감을 가지고 도전할 수 있어야 합니다. 도전은 누구에게나 열려있는 공짜 선물이기 때문에 활용하지 않는다면 손해입니다. 꾸준함을 가지고 다양한 도전을 시도해 보는 것은 창작적인 삶을 위해 중요한 요소가 됩니다.

우리는 평생 공부할 운명을 가지고 태어났는지도 모르겠습니다.

그러니 너무 이른 나이부터 시작한다고 좋은 것도 아니고, 누구보다 빨리 이뤄내야만 성공하는 것도 아닙니다. 각자의 발걸음 템포가 다르듯이, 각자의 재능이 다르듯이, 우리는 자신의 고유한 걸음을 알아차리고 걸어 나가면 됩니다. 단지 우리가 걸어가야 할 길이 꽃길이어야 하는 건 아님을 이해해야 합니다.

꽃길만이 행복한 길일까요? 꽃길은 꽃길대로 행복한 길이 되겠지만, 자갈길이라고 행복하지 말라는 법 있을까요? 모래길, 사막길, 아스팔트길, 황톳길 등 각각의 길이 주는 행복은 걸어본 사람이 알 수 있겠지요.

지금 조금 힘든 비탈길을 오르고 있다 하더라도 머지않아 꽃길이 나타날 것을 우린 알고 있기 때문입니다. 그러니, 지금 걷고 있는 자신의 길을 꾸준히 걸어가면 그걸로 충분합니다. 힘이 들면 잠시 멈췄다 쉬어가도 좋습니다. 내 길은 내가 만든 마인드 시크릿이니까요.

내 마음 사용설명서

수많은 자기 계발 책을 읽었다고 자기 계발에 성공하는 건 아닙니다. 수많은 부자를 따라 한다고 부자가 되는 것도 아닙니다. 하지만 내 마음대로 할 수 있는 '마음'은 나의 삶을 바꿀 수 있습니다. 마음의 움직임을 잘 따라가다 보면 각 마음의 문을 만나게 됩니다. 그 문을 열 수 있는 열쇠를 가지고 살아갈 때, 부자도 성공도 아우를 수 있는 에너지가 나를 움직이게 한다는 사실입니다.

내 마음 열쇠를 찾는 건 누구를 따라 할 수 없습니다. 내 마음의 주인은 나이기 때문입니다. 내 마음 사용설명서를 작성해서 나를 잘 이해하고 활용해 나가야겠습니다. 가끔 내 마음 사용설명서를 업데이트하면서 말이죠. '마인드 시크릿'을 찾는 것입니다. 많은 것을 따라 하는 AI에게 내 마음마저 빼앗길 순 없습니다. 내 마음의 시크릿은 내가 지켜나가야 할 보물 지도입니다. 그래서 'AI 마인드 시크릿'을 장착하고 관리하며 살아가야겠습니다.

내 마음 사용설명서

나 ——는 내 마음의 주인이다.

나 ——는 마음이 들려주는 소리에 민감하게 귀 기울인다.

나 ——는 마음 먹기에 따라 나를 조절할 수 있는 마인드 시크릿 을 가지고 있다.

나는 ———때 기쁘다.

나는 ———때 화가 난다.

나는 ———때 슬프다.

나는 ———때 외롭다.

나는 ———때 짜증이 난다.

나는 ———때 행복하다.

-마인드 시크릿 비하인드 스토리-

"무슨 철학과를 간다고 그래?"

고3 대학을 정할 때, 부모님과 선생님, 친구들까지도 저한테 이런 말을 했습니다. 지금 50이 훌쩍 넘긴 나이가 되어 생각해 보니, 제가 대학을 갈 즈음에 철학과는 관심 밖에 있던 학과였던 것 같습니다. 그러나 저는 삶의 의미에 대한 고민이 많았고, 존재 이유를 알고 싶은 욕구가 강했습니다. 철학과를 가면 이런 질문들에 해답을 찾을 수 있을 것 같다는 생각이 들었습니다. 결국, 철학과는 가지 못했지만, 지금까지도 이어져 오는 삶의 질문들이 저를 사색하게 만듭니다.

20~30대는 젊음에 취해 철학적 질문들은 어디론가 사라지고, 현실을 즐기느라 숨 가쁘게 달려왔습니다. 하지만, 결혼을 앞두고 어느 날, 인생의 의미에 대해, 삶의 목적에 대해, 행복에 대해, 다시 깊은 물음을 하게 되었습니다. 결혼하고 나서 새로운 가정을 이루는 사이 이전에 삶과는 확연하게 달라진 현실에 때론 어리둥절했지만, 성장하고 있는 저를 발견할 수 있었습니다. 아이들을 낳고 양육하면서 저 역시 성장하고 있음을 알게 되었을 때, 인생의 의미와 저의 존재 이유를 조금씩 알 수 있었습니다. 한 가정을 이루고 하나의 문화를 형성해 간다는 건 내가 살아가는 중요한 가치를 찾는 일입니다. 그리고 상담학을 공부하면서 더욱 철학

적 질문이 깊어지고, 그 해답을 찾으려고 노력하였습니다.

인간은 누구나 행복하고 싶다는 사실과 행복은 일상에서 만날 수 있는 아주 가까운 친구라는 사실을 깨닫게 됩니다. 마음의 비밀번호를 찾으면서 마인드 시크릿이 중요한 삶의 열쇠임을 알아차립니다. 돈이 많아서도, 직장이 좋아서도, 고통이 없어서도 아닌, 세상이 추구하는 잘난 구석은 하나 없어도 삶이 주는 감사함을 매일 매일 느끼며 살아갈 수 있음이 기적 같습니다. 마인드 시크릿을 찾으면서 일상이 주는 행복을 마음껏 누릴 수 있기 때문입니다. 내 마음 사용설명서를 이해하고 내 마음의 주인이 되어 지금을 누리며 살아가는 기쁨을 만나시길 기대합니다.

처음에 '마인드 시크릿' 제목으로 글을 쓰기 시작했습니다. 살아가면서 내 마음 사용을 잘해야 함을 느껴왔기 때문에, 내 마음을 이해하고 잘 관리하며 살아가고 싶었습니다. 그런데 최근 몇 년 사이 AI의 급격한 발달 소식들을 접하면서 AI와 접목한 마인드 시크릿을 찾아가기로 변경했습니다. 그래서 제목이 'AI 마인드 시크릿'이 되었고, AI 시대를 살아가고 있는 지금과 앞으로 더욱 중요한 가치로 내 마음 사용을 전달하고 싶어졌습니다.

이 책을 작업하는 동안 AI에게 질문하고 답을 구하는 과정을 가졌습니다. 원하는 답을 찾기는 무척 어려웠고, 일률적인 답을 내놓는 경우도 많았습니다. 결국, 소통이 쉽지 않았습니다. 아는 만큼 질문할 수 있고, AI를 다룰 수 있다는 것을 알게 되었습니다. 이 책은 AI와 협업하여 마인드 시크릿을 지켜나가기 위한 방법을 다루었습니다. 숫자로 가치를 측정하는 지금 시대에, AI와 함께 성장해 나갈 마인드를 갖추고 살아야 함을 느낍니다.

폭넓은 인문학적 소양을 기르고 AI가 따라올 수 없는 휴머니즘을 꽃피워가길 바랍니다. 인간이 가진 유일한 존재 가치를 유지하고 살아갈 힘을 자신만의 마인드 시크릿으로 잘 간직하며 살아갔으면 좋겠습니다.

작가의 고유의 글맛을 살리기 위해
한글 맞춤법에 맞지 않는 일부 표현을 수정하지 않았습니다